Cultura e economia

Paul Tolila

CULTURA E ECONOMIA

Problemas, hipóteses, pistas

Tradução
Celso M. Paciornik

Copyright © 2007
Itaú Cultural

Copyright © 2007 desta edição
Editora Iluminuras Ltda.

Capa
Michaella Pivetti

Revisão técnica:
Teixeira Coelho

Revisão:
Lucia Brandão

DADOS INTERNACIONAIS DE CATALOGAÇÃO NA PUBLICAÇÃO (CIP)
(Câmara Brasileira do Livro, SP, Brasil)

Tolila Paul
    Cultura e economia : problemas, hipóteses, pistas / Paul Tolila ; tradução Celso M. Pacionik. — São Paulo : Iluminuras : Itaú Cultural, 2007.

    Título original: Economie et politique
    ISBN 978-85-7321-273-0 (Iluminuras)
    ISBN 978-85-85291-65-5 (Itaú Cultural)

    1. Cultura 2. Economia I. Título

07-4436   CDD-306.3

Índices para catálogo sistemático:

1. Cultura e economia : Sociologia   306.3

2007
EDITORA ILUMINURAS LTDA.
Rua Inácio Pereira da Rocha, 389 - 05432-011 - São Paulo - SP - Brasil
Tel: (11)3031-6161 / Fax: (11)3031-4989
iluminur@iluminuras.com.br
www.iluminuras.com.br

SUMÁRIO

AGRADECIMENTOS 9

PREFÁCIO À EDIÇÃO BRASILEIRA 11

INTRODUÇÃO 15

Primeira Parte
COMO A ECONOMIA CHEGA À CULTURA:
AS PRINCIPAIS QUESTÕES 23

Segunda Parte
CULTURA E DESENVOLVIMENTO:
COMO A CULTURA CONTRIBUI PARA A ECONIMIA 69

Terceira Parte
OBSERVAÇÃO DA ECONOMIA CULTURAL:
UM DESAFIO PARA A AÇÃO 103

BIBLIOGRAFIA 139

SOBRE O AUTOR 141

AGRADECIMENTOS

Meus agradecimentos vão para Patrícia Pernas Guarneros e Raoul Zorilla Aredondo que, no México, foram os primeiros a encorajar este enfoque econômico dos fenômenos culturais e me permitiram vislumbrar a composição desta obra. Para esta edição brasileira, agradeço às equipes do Itau Cultural, em especial a Selma Cristina Silva e Luis Matos Fo, que se mantiveram em constante contato comigo e me ajudaram a facilitar todas as complicações de um projeto editorial.

Meu vivo reconhecimento vai para Teixeira Coelho que, com amizade e rigor, favoreceu a publicação deste livro e se dispôs a reler a tradução do texto para o público brasileiro.

Exprimo, enfim, toda minha gratidão a Eduardo Saron, superintendente de atividades culturais do Itaú Cultural, cuja ação e reflexão aprendi a apreciar. É antes de tudo graças a ele que esta edição se tornou possível.

PREFÁCIO À EDIÇÃO BRASILEIRA

Na origem, este livro nasceu de um diálogo com as autoridades públicas mexicanas encarregadas do setor cultural. Sua publicação no México aparece no mesmo momento em que, graças aos esforços do Itaú Cultural, ele é colocado à disposição do público brasileiro.

Brasil, México: duas publicações simultâneas de uma obra escrita por um europeu em dois grandes países do continente latino-americano. Por quê?

Se a um autor se pode permitir a formulação de um parecer sobre seu próprio projeto, eu diria que, ao escrever este livro depois de muitos anos de trabalho na América Latina, minha intenção não foi tanto visar a um país em particular quanto tentar, modestamente, esclarecer as grandes questões econômicas que hoje se colocam para o setor cultural em seu conjunto e seus atores, quer sejam eles tomadores de decisões, profissionais ou simples cidadãos. Isso porque estou persuadido de que o enfoque econômico equilibrado não é um inimigo da cultura: ao contrário, ele pode servir para defendê-la e tornar sua importância tangível.

Hoje, mais do que nunca, a evolução do setor cultural e as perspectivas de seu desenvolvimento impõem pensar as realidades nacionais em relação às transformações internacionais e às relações de força que aí se formam.

Com efeito, desde meados dos anos 1990, os produtos culturais ocuparam o primeiro lugar nas exportações dos Estados Unidos, muito à frente de aviões, carros, agricultura ou armamentos. Essa posição dominante explica, em grande parte, a atitude desse país com respeito às negociações sobre diversidade cultural e deveria estimular a maioria dos outros governos a refletir sobre os desafios colocados pelo desenvolvimento cultural. Isso porque está claro que os Estados Unidos assentaram grande parte da sua influência na capacidade de atração do modelo cultural que eles souberam desenvolver com investimentos massivos.

Em diversos países da América Latina, Europa e alhures, o «desejo de cultura» dos cidadãos há muito foi deixado de lado pelas políticas públicas e o setor cultural considerado mais ou menos, na pior hipótese, desprezível, na melhor, um setor de gastos improdutivos a se limitar ao máximo.

Quando se lança um olhar sobre os últimos trinta anos, percebe-se que esses anos, que marcam uma evolução muito vigorosa dos intercâmbios internacionais, constituem também um período de instabilidade crônica, de desastres econômicos nacionais, de grandes disparidades de desenvolvimento. Na maioria dos países, o setor cultural sofreu o impacto direto dessas evoluções assim como as transformações relacionadas às mudanças profundas da tecnologia digital. Esse contexto conduziu a uma grande perda de referências e, também, às vezes, à tentação de cruzar os braços.

Ora, a globalização é um fenômeno contraditório que, pela competição que pressupõe e amplia, contribui para revitalizar a reflexão sobre a cultura de cada país como fenômeno simbólico distinto num universo de mercadorias padronizadas. O surgimento do Brasil no concerto das grandes potências mundiais apenas confirma essa regra, e sua vontade de crescimento só a tornará ainda mais explícita. Quanto mais aumentar o desenvolvimento de um país e de suas elites, de sua educação e de suas forças produtivas, mais ele integrará as capacidades de inovação na sua realização econômica, mais ele refinará suas produções e suas estratégias, e mais ele redescobrirá o setor cultural como um desafio moderno crucial.

É a esse novo desafio que se consagra este livro.

Ele não é um livro para especialistas da economia, não é um livro técnico.

Ele pretende, antes de tudo, contribuir para esclarecer como as análises econômicas permitem compreender melhor os fenômenos culturais e explicar sua evolução. Por que se pode dizer que os bens culturais não são mercadorias como as outras? Onde reside a distinção entre a economia das "atividades clássicas" (teatro, dança, música, patrimônio histórico, etc.) e a das "indústrias culturais" (cinema, edição, livros, DVD, CD, etc.) hoje atravessadas pelas tecnologias digitais? Qual é o sentido e o desafio econômico dos debates sobre a propriedade intelectual e sobre o confronto dos modelos de "copyright" e de "direito autoral"?

Mais amplamente, como pensar a contribuição econômica do setor cultural para o desenvolvimento global de um país? Se os "impactos" clássicos não são desprezíveis (no setor turístico, por exemplo), não será preciso também considerar as novas pistas abertas pelos modelos da "economia do conhecimento" (opostas às teorias padrão do mercado puro e perfeito) que colocam a cultura, ao tanto quanto a educação e a pesquisa, entre os novos fatores decisivos do desenvolvimento pela inovação? E a evolução industrial global não está se reciclando num modelo cultural no qual o "protótipo" e sua socialização se tornaram preponderantes em termos de criação de valor? O debate está aberto.

Seja qual for, porém, a posição que se adote, será possível discorrer sobre a economia cultural e a cultura pura e simples sem uma observação digna desse nome? Esse é um problema importante. Nenhum debate público e cidadão sério poderá ocorrer sem os dados estruturais que permitam fundamentá-lo de maneira confiável, autorizando simultaneamente a pluralidade das interpretações. O que poderia ser um programa de observação cultural para um país? Quais são os grandes setores a observar? O que é um indicador e para que ele serve? Como um esforço de observação pode favorecer parcerias público-privadas úteis para o conjunto do desenvolvimento cultural no Brasil?

Grandes conceitos da economia cultural, contribuição direta da cultura para o desenvolvimento econômico, lugar da cultura nas novas economias do conhecimento, desafios da observação cultural: eis os temas principais e sem fronteiras desta obra. Seu ponto de partida é econômico, mas seu horizonte é estratégico.

Se ela contribuir para tornar mais claro o que estava obscuro, se permitir uma melhor difusão do debate econômico sobre o desenvolvimento cultural, se puder ilustrar e permitir a compreensão de por que é fundamental para o Brasil investir hoje na cultura, ela terá atingido seu fim.

INTRODUÇÃO

Como pensar a economia do que chamamos, por comodismo, de "setor cultural"? E, para começar, qual a utilidade de uma reflexão econômica nesse campo? A resposta não é fácil nem tampouco imediata. Ela se torna aliás particularmente difícil se não penetrarmos mais fundo no grande número de outras questões que é preciso resolver antes de se obter alguma resposta. Alguns exemplos podem ajudar a ilustrar esse propósito.

A primeira interrogação abarca o caráter histórico das perguntas que nos fazemos. Estudar a economia da cultura (ou, mais precisamente, do "setor cultural", porque esta denominação nos permite definir melhor nosso objeto no plano socioeconômico como uma convenção moderna e suscetível de variações em nossas sociedades, distanciando-nos de uma definição puramente "antropológica" da cultura) é um movimento recente em nossas sociedades, um movimento que não tem mais de cinquenta anos. Encontram-se reflexões sobre a arte dispersas nas obras de Smith, Ricardo, Marx ou mesmo Pareto, com certeza, mas na maioria das vezes elas são recursos de caráter metafórico ou então indicações que salientam ora o lado enigmático ou "exorbitante" dos fenômenos naturais à luz da racionalidade econômica, ora seu valor futuro num mundo livre das sujeições da fome, do capital e do trabalho assalariado.

Para os pais da ciência econômica, afora certas "imagens" ou certas "intuições", a cultura e as artes se situam, em geral, no lado do irracional ou da utopia.

Essa atitude, que melhor se poderia chamar de "cultura não-econômica" dos fenômenos culturais afirmada pelos economistas, não deixou de agir sobre os atores do próprio setor cultural. Como se sabe, a economia, seus cálculos e estatísticas, seus modelos e "leis" não têm boa fama nos meios culturais, que preferem opor ao mundo frio da rentabilidade, das limitações financeiras e da concorrência dos mercados, o mundo cálido da paixão, da criação livre e do valor universal dos atos culturais. Ao desinteresse dos economistas pela cultura respondeu, pois, em grande medida, o desinteresse dos atores culturais pela economia, suas ferramentas e seus debates.

Em geral e em qualquer país que se considere, habituamo-nos ao seguinte diálogo: na maior parte do tempo, em nome dos grandes ideais muito humanistas e muito "qualificativos", o setor cultural demanda cada vez mais meios dos tomadores de decisões, que devem arbitrar as alocações de recursos de maneira racional e quantificada para justificar democraticamente suas escolhas perante os cidadãos. Num período de expansão econômica geral, as coisas andam muito bem. Num período de crise ou de instabilidade econômicas, a história é outra. Isso porque é nesses momentos difíceis que realmente nos damos conta de que nos faltam instrumentos de diálogo e de convicção.

Ora, desde o começo dos anos 1970 o mundo conheceu uma série de convulsões econômicas ilustrada pelo desemprego em massa jamais resolvido, ondas de recessão, repetidas crises financeiras, instabilidades monetárias crônicas. São raros os países que conseguiram ser poupados desses acessos de fraqueza e no próprio continente latino-americano é extensa a lista dos países que, do México à Argentina, passando pelo Brasil, viram seus processos de desenvolvimento freados e até brutalmente interrompidos durante esse período.

Por outro lado, depois de permanecer fora dos cálculos, eis que a economia do setor cultural não só está posta no centro dos debates nacionais por todas as partes do mundo, mas é também objeto de ríspidas negociações internacionais como tão bem ilustram tanto os embates na Organização Mundial de Comércio (OMC), como as lutas pelo reconhecimento da Diversidade Cultural cujo teatro foi e continuará sendo a Unesco[1]. A dimensão econômica do setor cultural se sobressaiu cada vez mais e fortaleceram-se os debates apaixonados (e apaixonantes) que a tomam por objeto. Nesse contexto, o slogan segundo o qual "os bens culturais não são mercadorias como as outras" surge como uma posição de princípio bastante defensiva e fraca, muito distante de uma argumentação econômica sólida e convincente.

Sem a menor dúvida, como salientam numerosos teóricos da história econômica (Wallerstein, Braudel), a globalização não data de ontem nem mesmo de trinta anos atrás, mas desde o fim da guerra fria e da queda do bloco comunista ela tomou um rumo cada vez mais inquietante, sobretudo quando emprega doutrinas muito agressivas no campo do comércio internacional, que parecem ter herdado o espírito belicoso anterior e dão lugar

---

[1] Organização das Nações Unidas para a Educação, a Ciência e a Cultura.

a práticas de ameaças ou agressões muito distantes da teoria da concorrência pura e perfeita.

Mesmo alguns economistas liberais e adeptos do livre mercado, como P. Krugman (2005), por exemplo, se preocupam com isso e apontam os desvios ameaçadores de uma concepção do comércio internacional em que a noção de vantagem "comparativa" para os países é pura e simplesmente substituída pela noção de vantagem "competitiva" normalmente utilizada pelas empresas, e que tende a impregnar as mentes com a idéia de que as nações enfrentam hoje uma luta semelhante à de empresas concorrentes no mercado; uma luta em que (quase) todos os golpes seriam permitidos. O mais incômodo, claro, é ver que essas doutrinas contam com o favor de certos governos, entre outros o dos Estados Unidos.

É sob a pressão desses dois fatores (debates democráticos internos sobre a alocação dos recursos, impulso agressivo da concorrência internacional sobre os mercados de bens e serviços culturais) que se desenvolve hoje a necessidade de pensar a economia do setor cultural, de estudá-la nos seus grandes componentes e de examinar as principais questões que ela encerra. O fato novo é, de agora em diante, não considerar essa conduta como um grilhão para a cultura, destinado a aprisioná-la a lógicas "estrangeiras", mas a possibilidade de dispor de ferramentas e conceitos suscetíveis de ajudar no desenvolvimento do setor cultural em seu conjunto e permitir aos que o defendem apoiar-se em argumentos e problemáticas convincentes.

De um certo ponto de vista, as dificuldades atuais são uma oportunidade que se deve aproveitar: durante muito tempo censurou-se ao setor cultural e às administrações encarregadas de sua regulamentação seu "amadorismo econômico", na verdade, sua despreocupação diante dos problemas financeiros ou da organização.

Pensar hoje a economia do setor cultural não constitui de modo algum uma derrota dos argumentos humanistas a respeito da cultura que todos conhecemos e defendemos. Não significa um abandono do terreno na luta pela defesa de um desenvolvimento cultural; significa, ao contrário, a ocupação de um terreno suplementar do qual o setor cultural e seus principais atores há muito desertaram deixando o campo livre para as pressões negativas.

Pensar a economia do setor cultural é uma arma para a cultura. Uma arma de que o setor cultural deve se apossar para melhorar sua própria visão das coisas, defender suas escolhas e sua existência, participar de maneira ativa do seu desenvolvimento futuro.

Este livro não é uma obra concebida por especialistas da economia, não é uma obra técnica. A problemática que nos ocupa aqui decorre de uma proposta simples, mas que define essencialmente o enfoque das ciências sociais e humanas: o problema principal de todo processo válido reside no valor das perguntas colocadas, das hipóteses propostas e dos modelos que finalmente se constroem. Perguntas, hipóteses e modelos nos permitem, com muita humildade, abordar a diversidade do real, orientar em meio à multidão de fenômenos e pensar racionalmente as ações possíveis. São ferramentas simples, às vezes simplistas, mas úteis, a despeito de seus limites, porque permitem a reflexão, o repensar das suposições *a priori*, o debate claro e a preparação das etapas seguintes da investigação.

A intenção deste livro não é, portanto, responder a todas as interrogações que se possam colocar em tal ou qual ponto determinado, em tal ou qual parte especializada do setor cultural: **ele visa a um enfoque estratégico das grandes questões econômicas** que se colocam para o setor em seu conjunto e que esse setor, seus atores e seus tomadores de decisões, mas também os cidadãos, deveriam levar em consideração para uma melhor compreensão dos processos econômicos da cultura, um melhor debate público e, se possível, melhores decisões.

Nessa perspectiva, é necessário precisar a partir de qual ponto de vista a elaboração desta obra foi concebida, isto é, a partir de quais objetivos desenvolveu-se a estrutura das questões que nós nos fazemos e de nossas hipóteses, bem como as implicações de ações que evocamos para fazer do enfoque econômico do setor cultural uma ferramenta crível e eficaz a serviço do desenvolvimento cultural.

Guiaram-nos três objetivos que são também três horizontes de reflexão para instrumentar conhecimentos e debates sobre a economia cultural: **o fortalecimento das políticas públicas culturais, as relações entre desenvolvimento cultural e desenvolvimento geral, e as implicações que a globalização atual dos intercâmbios e seus desequilíbrios têm para o desenvolvimento e a diversidade cultural.** É em função desses três horizontes que as grandes questões internas da economia cultural são abordadas aqui, quer se trate das indústrias culturais, dos direitos autorais, das novas tecnologias ou ainda da situação dos aspectos "clássicos" da cultura (patrimônio, espetáculo ao vivo, etc.).

Na **primeira parte**, tentaremos definir as grandes questões econômicas que se colocam para um setor cultural já dividido em dois "continentes", as atividades ditas clássicas e o campo das indústrias culturais que sustenta hoje o essencial dos empreendimentos (novas tecnologias, direitos autorais, etc.)

colocados pela globalização dos intercâmbios. Tentaremos compreender também por que a natureza dos produtos culturais coloca alguns problemas para os processos da economia clássica.

Na **segunda parte**, examinaremos as contribuições econômicas do setor cultural para o desenvolvimento econômico geral em dois planos principais: primeiro, a determinação do impacto do setor cultural sobre a atividade econômica enquanto tal, depois a contribuição do setor cultural para a renovação do próprio pensamento econômico e para os novos enfoques do desenvolvimento no quadro do que se começa a chamar de "a economia do conhecimento", orientada para um enfoque muito crítico das teorias-padrão do livre comércio e da decisão estratégica.

Por fim, na **terceira parte**, tentaremos extrair as linhas de ação para organizar a observação econômica permanente do setor cultural que permitem às políticas públicas da cultura, aos tomadores de decisões e aos cidadãos, dispor dos instrumentos e dos conhecimentos necessários à decisão, à informação dos atores, à condução das ações, à antecipação e ampliação do debate público sobre as implicações e a importância do setor cultural. É a partir disso, também, que poderemos abordar de maneira concreta todo o interesse que pode representar para os países ibero-americanos uma cooperação internacional na exploração das grandes questões econômicas do setor cultural.

PRIMEIRA PARTE

COMO A ECONOMIA CHEGA À CULTURA:
AS PRINCIPAIS QUESTÕES

1. A economia do setor cultural: enfoques recentes, características atípicas para a economia clássica

Como se salientou na introdução, a reflexão econômica só se preocupou muito tardiamente com o setor cultural, depois de cerca de cinqüenta anos, o que explica a confusão de alguns debates, a escassez de economistas que declaram explicitamente estudar a cultura, a falta de dados e interpretações confiáveis que se verificam em diversos temas em quase todos os países. A economia do setor cultural (entenda-se por isso os resultados de estudos econômicos, a capacidade de produzir sínteses úteis e comparações confiáveis) se caracteriza por uma grande dispersão, escassez e ausência de dados atualizados e uma grande dificuldade de amarrar os níveis da microeconomia e da macroeconomia.

Essa situação produz uma grande frustração, hesitação e amargura em todos que desejam trabalhar no sentido de um fortalecimento do desenvolvimento cultural, sejam eles tomadores de decisões, atores do setor cultural (artistas, profissionais diversos) ou simples cidadãos.

De fato, durante muito tempo o setor cultural foi ignorado pela teoria econômica que o considerava atípico em relação às "leis" fundamentais que ela produzia e que regem o modo de produção e de consumo capitalista. Para os pais fundadores da economia política, Smith e Ricardo, os gastos nas artes abarcam apenas os lazeres e não poderiam contribuir para a riqueza das nações; para os economistas "respeitáveis", portanto, eles não mereceriam um dispêndio de energia intelectual.

Ricardo afirma muito claramente que as obras de arte, cujo valor varia de acordo com a sua raridade, são exceções ao princípio do "valor-trabalho" aplicável ao conjunto das outras mercadorias. Mais tarde, Walras e Pareto manterão a mesma linha de pensamento.

Entretanto, quando os fenômenos culturais foram evocados em pesquisas sérias sobre a riqueza da terra (fisiocratas do século XVIII), a produção de valor pela indústria, as questões do trabalho e da moeda (no século XIX, em J.B. Say, por exemplo), foi sempre para serem definidos na categoria "pouco econômica" do luxo. Ora, o luxo, para os economistas clássicos, nada tem de "funcional", ele pertence à esfera do capricho, de um desejo individual fora da norma e pouco preocupado com a verdadeira produção de riquezas, ele constitui uma "derivação" não desejável do capital, investido "improdutivamente" em fantasmas. Como não são funcionais, os gastos na arte e na cultura (no luxo) são prontamente declarados "irracionais" no pensamento econômico clássico.

Como se vê, tratados por um lado como uma "exceção" (Ricardo) e por outro como uma "irracionalidade" (Say), os fenômenos culturais não poderiam encontrar um grande espaço nas idéias e nas preocupações dos economistas clássicos porque a própria estrutura da doutrina econômica, a arquitetura de seus conceitos e seus pressupostos, excluía a cultura do campo da observação útil e legítima em economia.

Um dos problemas internos do processo econômico, isso é sabido e vários economistas o reconhecem (Schumpeter, Polanyi, Keynes, entre outros), é sua tendência a ignorar deliberadamente a história e seus desenvolvimentos. Os pais da economia clássica só tinham diante de si uma cultura associada aos reis, às cortes principescas, ou então a uma elite muito pequena de aristocratas ou de dinastias burguesas muito ricas. Portanto, como bons economistas que eram, eles teorizaram esse presente para torná-lo teoricamente "eterno" e, a partir desse momento, é a própria economia que se tornava cega para a cultura.

Com efeito, foi preciso esperar transformações sociológicas massivas (aumento do tempo livre e do lazer, crescimentos dos gastos consagrados à cultura pelos diferentes atores econômicos) por volta do fim do século XIX e, sobretudo, no século XX, para que a cultura, entrando nas normas de consumos correntes, merecesse a atenção dos economistas. É preciso notar também que essa atitude dos economistas não foi espontânea.

Ainda na metade do século XX, numa intuição de gênio, J.M. Keynes traçava um futuro brilhante para a cultura, mas enviava essa importância para o século seguinte. Numa conferência pronunciada em 1928 e intitulada "*Perspectivas econômicas para nossos netos*", ele escreveu:

> "*Suponhamos para fins de argumentação que daqui a cem anos estaremos todos, em média, em condições de vida, economicamente falando, oito vezes superiores às que conhecemos hoje. Não há nisso, seguramente, nada que deva nos surpreender.*
>
> *Ora, é verdade que as necessidades dos seres humanos podem parecer insaciáveis. Mas elas entram em duas categorias:* **as necessidades que**

têm um caráter absoluto, *nesse sentido em que nós as sentimos seja qual for a situação de nossos semelhantes,* **e as que têm um caráter relativo***, porque nós só as sentimos se a sua satisfação nos alçar acima de nossos semelhantes, nos der o sentimento de lhes sermos superiores.* **As necessidades que entram na segunda categoria, as que respondem ao desejo de superioridade, podem com efeito ser insaciáveis; porque quanto mais se eleva o nível geral, mas elas continuam a crescer**.

Mas isso é bem menos verdadeiro para as necessidades que têm um caráter absoluto: podemos atingir rapidamente, talvez mais rapidamente do que tenhamos consciência disso, um ponto em que essas necessidades serão satisfeitas, no sentido de que preferiremos consagrar nossas energias novas a fins não econômicos". Quem, segundo Keynes, serão os "ganhadores" dessa era em que, livres das preocupações econômicas, os homens deverão sobretudo *"se ocupar de seus lazeres, viver sabiamente, agradavelmente e bem"*? Serão *"as pessoas que saberão preservar a arte de viver e de cultivar até a perfeição, e que (...) serão capazes de gozar da abundância quando ela se apresentar".* O que não é um pequeno problema, *"porque durante muito tempo nós fomos educados para sofrer e não para gozar".*

Esse texto é notável por mais de uma razão. Antes de tudo, porque coloca o desfrute e o prazer no centro das capacidades que os homens e mulheres do futuro deverão desenvolver para ser felizes e estruturar objetivamente seu tempo (e o prazer está no coração da atração cultural), mas, além disso, porque ao designar as atividades visadas por esse prazer, ele as designa como "necessidades relativas" destinadas a uma expansão infinita vinculada aos fenômenos da comparação social dos homens entre si, dos grupos humanos entre si, isto é, em relação com aquele tipo de valor simbólico que os fenômenos culturais contêm e com aquela emulação geral que constatamos hoje em quase todas as sociedades para ter um maior acesso à cultura, da mais simples à mais refinada.

De fato, não só Keynes reúne aqui as análises que os maiores sociólogos da cultura (N. Elias, P. Bourdieu) desenvolverão alguns anos ou décadas mais tarde sobre os valores simbólicos de distinção dos fenômenos culturais e sobre a evolução cultural como um dos resultados da competição simbólica entre os grupos sociais, mas traça também, implicitamente, uma crítica da economia clássica ao evocar um novo continente da atividade e do prazer humanos onde os critérios habituais da economia (trabalho, corrida pelo lucro, utilidade imediata, juro financeiro) deverão ser revistos, um mundo em suma onde a modelação do homem como "*homo economicus*", central para os pais da economia, será necessariamente recolocada em questão. Um programa e tanto!

E é precisamente sob o "impulso" das evoluções sociológicas que a economia chegou à cultura. De fato, é antes de tudo graças à forte demanda dos profissionais do setor cultural ameaçados por restrições orçamentárias num contexto de restrições de intervenções públicas, que surgiu o estudo pioneiro de W. Baumol e W. Bowen (1966) sobre o espetáculo ao vivo ao qual se referem todos os trabalhos de economia da cultura.

Ao colocar ênfase tanto nas especificidades do setor como no papel dos poderes públicos, esse primeiro exercício abriu caminho para os trabalhos sobre economia da cultura que se multiplicaram nos anos 1970. Podem-se citar aqui os enfoques de microeconomia, inspirados nos trabalhos de K. Lancaster, G. Becker e G. Stigler, que procuraram prestar contas das condutas em matéria de gastos culturais (gostos, manias, etc.) que durante muito tempo haviam sido deixados de lado pela teoria tradicional da demanda.

De maneira geral, vai se perceber que a teoria econômica padrão, focada desde a origem na análise dos bens homogêneos em situação de informação perfeita, tenta progressivamente integrar o estudo de produtos diferenciados em situação de incerteza, incorporando assim preocupações centrais do setor cultural.

O conjunto desses enfoques e desses confrontos num âmbito não tradicional para as ciências econômicas permitiu lentamente traçar características particulares para os bens e serviços culturais.

2. As principais características dos bens e serviços culturais

A ciência econômica define tradicionalmente a noção de mercadoria por meio de quatro critérios (Debreu, Lancaster) num universo certo (sem incertezas) : as "propriedades físicas" do bem, a data e o lugar em que ele está disponível, os acontecimentos que condicionam sua entrega. As "propriedades físicas" (ou "propriedades objetivas") correspondem ao que chamamos de **qualidade** do bem. A qualidade de um bem, supõe-se, é decomponível em elementos que podem ser submetidos a medições objetivas. Classicamente, nesse sentido, a qualidade de um bem constitui um duplo indicador: um indicador que permite diferenciar um bem $x`$ defeituoso de um bem x da mesma natureza, mas sem defeito dentro de uma escala de qualidade, e um indicador que permite distinguir um bem x de um bem y de natureza diferente.

Para que a qualidade do bem possa servir de referência, é preciso necessariamente que suas características sejam objeto de um reconhecimento geral por parte dos indivíduos e, portanto, que elas sejam mensuráveis e hierarquizáveis. De acordo com a economia clássica, desde que uma característica seja mensurável ela preenche as condições para ser universalmente reconhecida por todos.

Os economistas perceberam, com justa razão, que os bens culturais e artísticos escapam, em grande parte, desse modelo da mercadoria-tipo, **porque o que constitui sua definição, a qualidade artística, responde a uma avaliação subjetiva e não a uma medida cuja universalidade poderia ser consensual**.

O conteúdo artístico de um bem em relação a outro não pode ser objeto de uma classificação objetiva nem de uma hierarquização universal.

Além disso, os bens culturais, tanto os que são oferecidos pelas políticas públicas ao consumo cidadão (museus nacionais, monumentos patrimoniais, espetáculos ao vivo, etc.) como os que são produzidos pelas indústrias culturais nos diferentes campos (música, cinema, livros, videogames, produtos multimídia), possuem uma característica estranha em relação às mercadorias definidas pela economia padrão: sua compra e seu consumo não destroem nenhuma de suas propriedades e não fazem desaparecer a possibilidade de um consumo mais amplo ou posterior. Examinemos isso mais atentamente.

Na teoria padrão e no modelo clássico de mercado, toda mercadoria real é declarada um "bem privado", caracterizado pelo fato de ser **exclusivo** e **rival** no consumo. O que isso quer dizer? Tomemos alguns exemplos para ilustrar nosso propósito: um café, um sanduíche, uma camisa, um par de sapatos, uma cadeira, etc., são bens exclusivos porque é possível impedir-me de obtê-los (por exemplo, se eu não pagar); por outro lado, cada um desses bens é de consumo exclusivo porque no momento em que o aproveito, nenhuma outra pessoa pode usufruí-lo. Aqui se reconhecerá a maioria dos bens que consumimos e para os quais somente o roubo ou a "doação" podem impedir o funcionamento dessas características. Os bens culturais não parecem classificáveis nesse modelo.

De fato, a maioria dos bens e serviços que classificamos sob a rubrica cultural se comporta sempre, **no todo ou em parte, como bens não exclusivos e não rivais no consumo.** Também aqui alguns exemplos tornarão as coisas mais tangíveis. Todos sabem que podem assistir a um espetáculo de rua sem pagar por isso e que seria difícil impedi-los. Da mesma maneira, podem escutar uma escola de samba numa quadra ou numa praça da Cidade do Rio de Janeiro, desfrutando-as sem que isso seja um roubo de um ambiente cultural para o qual não contribuíram financeiramente; todos sabem também que se pode ainda admirar, sem pagar, um edifício classificado como "monumento histórico" na rua.

Um bom número de bens e serviços culturais no espetáculo ao vivo e no patrimônio contém assim essa característica de não ser de consumo exclusivo. Por outro lado, eles tampouco são rivais porque o prazer (o benefício) que se retira deles não diminui em nada o dos outros "consumidores" que o escutam ou assistem. Em Paris, a Torre Eiffel, o Arco do Triunfo: é difícil impedir alguém de observá-los e todos o podem fazer plenamente.

Existem outras configurações de bens culturais com base em graus, mas essas duas características nunca se destroem completamente. Eu pago pelo cinema, o museu, o teatro, a ópera, etc., mas meu consumo não rivaliza com o dos outros (eu visito ou desfruto de um espetáculo junto com centenas de pessoas), eu pago para comprar um DVD ou um CD, mas posso escutá-los ou vê-los com amigos que, com freqüência, aumentam, aliás, o benefício de prazer que eles me proporcionam.

Eu não considero que minha família ou os amigos que convidei para uma festa ou para assistir a um DVD sejam ladrões dos bens que comprei; em compensação, para eles o fato de não terem pago torna seu consumo parecido com o de um bem não exclusivo. A chegada das tecnologias digitais e as oportunidades que elas propiciam, embora coloque um certo número de problemas novos, em especial sobre a questão dos direitos autorais, apenas salienta e talvez esclareça melhor essas características muito particulares dos bens e serviços culturais. Ora, essas particularidades são próprias dos chamados **bens coletivos,** facilmente reconhecidos na vida cotidiana quando se pensa em setores tão diversos como saúde, educação, pesquisas, as grandes infra-estruturas, etc.

O surgimento recente das políticas públicas culturais, os debates internacionais sobre os direitos e a diversidade cultural constituíram revelações formidáveis dessa particularidade da cultura como bem coletivo. Compreende-se melhor agora o sentido das lutas de influências que hoje se travam tanto no setor cultural como nos outros setores de bens coletivos, dado que o ideal neoliberal tende à sua privatização generalizada em detrimento mesmo de sua natureza econômica. Nesse sentido, pode-se dizer que essas doutrinas não são efetivamente enfoques econômicos no sentido estrito, mas posições partidárias e ideológicas que "absolutizam" apenas uma parte do econômico sem levar em conta sua complexidade.

Isso porque a complexidade cultural em termos econômicos é bem mais difícil do que pensam os adeptos de uma "mercantilização" absoluta. Voltemos um instante à questão da "qualidade" dos bens. Conforme já se disse, as definições — padrão de qualidade de um bem — são, em grande parte, inoperantes quando se trata de apreender a qualidade artística. Uma cópia ruim de *Em busca do ouro* não destruirá o prazer que tenho ao ver esse filme de Carlitos, e uma poltrona confortável no cinema não me consolará por um espetáculo nulo; enfim, o conteúdo artístico de um bem em relação a outro não pode ser objeto de hierarquização, nem de classificação objetiva. Diante disso, como conceber a formação da "qualidade artística" e a sua colocação em jogo no universo das trocas comerciais tais como as vemos operar na arte (quadros, por exemplo) ou nas indústrias culturais?

Alguns economistas (Sagot-Duvauroux, Mac Cain, Moureau, etc.) se debruçaram, nos anos 1990, sobre a questão dos procedimentos de objetivação da qualidade artística. Sua principal conclusão é que a qualidade artística depende de "convenções" sócio-históricas, e que, desde fins do século XIX e inícios do século XX, as sociedades ocidentais e as que se alinharam a seu modelo desenvolveram uma convenção "**de originalidade**" que embasa a avaliação da qualidade artística dos bens culturais. Essa convenção articula de maneira espantosa a norma e a variedade e produz uma situação muito diferente daquela dos séculos passados em que a norma convencional era antes a da "encomenda" aos artistas, isto é, uma situação em que o artista não se preocupa mais com a aceitação pública e, de certa maneira, precede a demanda por suas obras.

Quando a originalidade se torna a norma de convenção, fica evidente que as instâncias de legitimação da qualidade (o Estado, os circuitos comerciais dominantes, as práticas das elites, etc.) vão desempenhar um grande papel em sua objetivação.

A convenção de originalidade que hoje se encontra no conjunto dos mercados culturais pode definir-se com base em três critérios principais: **a autenticidade** (um objeto de arte é autêntico quando provém do trabalho de artistas e exclui ao máximo a divisão do trabalho tal como era praticada nas escolas de pintura na Itália do século XV, por exemplo), **a unicidade** (um objeto de arte deve ser único ou, no mínimo, raro) e **a novidade** (a história da arte torna-se aqui uma pedra angular indispensável para saber julgar em termos de inovações reais).

Uma conseqüência necessária dessa convenção é que embora na produção industrial de objetos padronizados a singularidade só possa existir "acidentalmente", a produção cultural e artística busca voluntariamente promover e amplificar essa singularidade (o artista, o escritor, o diretor de cinema, o ator...). O estilo e a assinatura são características essenciais.

Daí em diante, o ponto de partida da relação produto/público é o criador que, como produtor, obedece a uma lógica interior inversa à do engenheiro que vai desenvolver seus produtos segundo especificações e depois de estudos de marketing. Com isso, a economia toda do setor cultural se define, portanto, pelo **predomínio de uma lógica da oferta**, ao contrário das lógicas tradicionais da demanda. Essa lógica da oferta caracteriza bem, entre outras, a ação das políticas públicas em termos de investimento, de ajuda e de sustentação das diferentes atividades culturais, do patrimônio ao espetáculo ao vivo, e em termos de incentivos às práticas culturais.

Última grande característica dos bens e da economia do setor cultural é **o contexto de incerteza**.

No âmbito cultural, de fato, a avaliação convencional da qualidade artística dos produtos e das obras pelas diferentes instâncias socioeconômicas de legitimação mergulha tanto o produtor como o consumidor na incerteza porque é impossível ter medidas objetivas e universais dessa qualidade. Essa incerteza sobre a qualidade dos bens de troca explica a incerteza dos resultados que pesa sobre os produtores e os coloca numa posição bem mais frágil porque os custos de produção podem ser muito altos como, por exemplo, no caso do cinema.

O problema é que custos altos não significam automaticamente uma grande qualidade artística e que, ao contrário de outros setores clássicos, esses custos não podem ser compensados por um aumento automático dos preços e das vendas. Produzir um filme muito caro não só não garante um grande sucesso de público como, além disso, os bens e serviços culturais são marcados por uma **relativa desconexão entre seus custos de produção e seus preços de venda** em razão de sua raridade (mercado de arte), da existência de subvenções públicas (espetáculo ao vivo) ou ainda de lógicas diversificadas de amortização em diversos suportes (filmes, música). Salvo algumas variações menores, o preço de uma entrada de cinema será o mesmo tenha o filme custado 20 milhões de dólares ou 100 milhões de dólares.

A convenção de qualidade artística, fundada na originalidade e na variedade, posiciona o bem cultural como um **protótipo único**.

Com cada protótipo é imprevisível, o controle da incerteza ligado à comercialização do produto é sempre imperfeito. Ele induz, contudo, a uma espécie de corrida pelo controle da informação por parte dos produtores. Para os mais poderosos deles, causa aumentos drásticos em termos de orçamentos de marketing e publicitários, o uso dos meios de comunicação de massa (rádios, televisões) como intermediários, ou ainda a vontade de dominar os circuitos de difusão e exploração para diminuir os riscos.

A necessidade de vender cada protótipo a milhares ou milhões de consumidores conduz a numerosos fracassos. Uma das características do setor cultural é o papel, muito mais importante que em vários outros setores, das considerações especulativas e, portanto, do valor da informação, a capacidade de interpretá-lo, o controle de seus circuitos.

Os produtores de filmes, de discos, os editores de livros, sabem que lançam nos mercados uma grande quantidade de produtos que lhes renderão menos que seu custo, o que explica a impressão "de inflação" que se pode ter em cada temporada literária ou quando se pergunta: "Mas por que o cinema produz tanto lixo?"

A resposta se encontra na conjunção entre uma economia de oferta de protótipos e a incerteza da informação. P. Flichy (1980) tentou sintetizar essa situação declarando: "Irão nos objetar que a valorização de todo bem colocado no mercado é aleatória. (...) Entretanto, não existe outro bem de consumo de cuja demanda os produtores tenham tal desconhecimento que sejam obrigados a fazer dez ou quinze testes antes de ter sucesso."

Compreende-se melhor por que, além dos trabalhos necessários sobre o estudo do consumo, desenvolve-se cada vez mais uma sociologia da "recepção" que procura determinar mais precisamente o "sentido" da prática e do consumo culturais.

Por outro lado, para se orientarem dentro da singularidade e diversidade dos bens culturais, os consumidores vão se tornar particularmente sensíveis à informação que poderão recolher para avaliar a qualidade dos produtos que lhes serão oferecidos. É conhecido o papel que pode representar aí a publicidade e seu poder de difusão, as opiniões de especialistas, a imprensa especializada e os artigos de jornais, as entrevistas com artistas, a promoção "people", as conversas entre amigos e, mais amplamente, todos os debates que surgem a propósito do artista, da peça de teatro ou do filme.

Também se percebe o papel fundamental que a **educação cultural e artística** pode desempenhar em uma população para criar, difundir e melhorar um quadro de conhecimentos que permita melhor apreciar o valor do conjunto das informações recebidas (ou sofridas) e colocá-las em perspectiva. Incerteza, informação e conhecimento formam, pois, para todos os atores do setor cultural, uma "trilogia" fundamental que eles devem tentar compreender e dominar para agir da melhor forma, conservando cada um o seu lugar. Voltaremos a essas questões essenciais na segunda parte desta obra.

3. O surgimento das indústrias culturais: novas questões, novos modelos

Os primeiros trabalhos de economia da cultura, em particular os de Baumol sobre o espetáculo ao vivo (a famosa "lei de Baumol"), haviam estabelecido a impossibilidade de obter ganhos de produtividade em todas as atividades fundadas no corpo e na presença do artista, não só pela impossibilidade da reprodução ao infinito do espetáculo (desgaste objetivo dos artistas, fadiga humana), mas também da falta de rentabilidade de certos gastos em séries excessivamente curtas (cenários, salários de estrelas, por exemplo) e da impossibilidade de praticar uma política de preços cada vez mais altos.

A longo prazo, todo o setor do espetáculo ao vivo gera, infalivelmente, um déficit crônico que explica tanto a necessária intervenção pública para sustentar a perpetuação da criação, como as políticas tributárias adaptadas a práticas culturais que vão além do círculo exclusivo das elites.

O surgimento e desenvolvimento das indústrias culturais (livro, música e filme) faz surgir uma nova lógica que consiste fundamentalmente na aplicação dos processos industriais aos protótipos da criação artística e cultural. Essa evolução que fora pressentida por W. Benjamin desde 1935 (com uma opinião negativa) e depois estudada sob um ângulo ideológico e filosófico pelos teóricos da escola de Frankfurt (Adorno, Horkheimer) constitui desde então um fenômeno de importância crucial pelos desafios econômicos que representa e pelas questões que coloca tanto para os meios culturais da criação (os artistas) como para as políticas públicas da cultura.

Embora a lógica industrial dos "produtos culturais" se oponha em grande parte à lógica "artesanal" das atividades culturais clássicas, em especial no espetáculo ao vivo, ela é, apesar de tudo, obrigada a se desenrolar a partir dos protótipos de qualidade artística, e recoloca de maneira ainda mais aguda a questão dos direitos autorais sobre a propriedade artística e intelectual.

O debate sobre direitos autorais/*copyright* deve se compreendido, de fato, nesse novo contexto; um contexto em que o surgimento e desenvolvimento de mercados de massa provoca uma luta pela repartição e a distribuição do "valor agregado" entre as partes no interior do processo industrial. É preciso descrever e compreender também o modelo econômico da organização desse processo para visualizar quais são as ações razoavelmente possíveis para as políticas públicas da cultura.

Antes de abordar essas questões, porém, é importante fornecer ao leitor elementos gerais de enquadramento.

A. Elementos gerais de enquadramento das indústrias culturais

Pode-se dizer que durante as duas últimas décadas, os fluxos internacionais de produtos culturais conheceram um crescimento que a maioria dos setores econômicos poderia invejar: entre 1980 e 1998, eles quadruplicaram. De acordo com algumas cifras de nosso conhecimento, a maioria dos especialistas parece concordar em que o ritmo e os volumes desses fluxos se aceleraram durante a última década.

O último relatório da Unesco sobre essas questões (*Study on International Flows of Cultural Goods*, 2000) mostra um salto dos intercâmbios de 95,340 bilhões de dólares a 387,927 bilhões de dólares. É preciso ter cuidado com essas cifras porque, embora o estudo abarque os produtos culturais "*stricto sensu*" (livros, discos, filmes, programas audiovisuais...), ele contabiliza também em suas avaliações os "artigos esportivos" que não nos interessam neste caso, mas que sabidamente dependem de um setor que conheceu um crescimento muito forte em todo o mundo. Embora mascarada por esse viés não desprezível, a tendência ao aumento acentuado dos produtos culturais continua facilmente perceptível por algumas cifras setoriais mais ou menos confiáveis em nosso poder.

Um exemplo, entre outros, nos é fornecido pela indústria fonográfica. De acordo com as cifras fornecidas pela Federação Internacional da Indústria Fonográfica (IFPI, na sigla em inglês), baseada em Londres, uma observação de 70 países permite estabelecer a cifra de intercâmbios, somente neste setor, em 27 bilhões de dólares em 1990 e 38,7 bilhões de dólares oito anos mais tarde, um avanço estimado de cerca de 40%.

Essas cifras e relações parecem coerentes com a evolução das estruturas de consumo que analisaremos mais adiante neste documento. Elas são coerentes também com a tendência ao crescimento exponencial observado no campo do desenvolvimento em informática, dos jogos multimídia, dos DVDs, etc.

A importância macroeconômica desses fluxos já é uma realidade tangível, massiva e mensurável nas contas nacionais. Ela explica, em grande parte, o nível dos desafios relacionados às negociações internacionais. Um exemplo: a partir de 1996, as vendas internacionais de produtos culturais (filmes, livros, músicas, programas de televisão e *software*) representaram o primeiro setor de exportação dos Estados Unidos, com um volume superior a 60 bilhões de dólares, claramente acima dos setores tradicionais de agricultura, automotivo, aeroespacial ou de defesa.

Semelhante peso não é seguramente o menor dos fatores de explicação da intransigência americana nas suas vigorosas condenações às ajudas públicas dos outros países a suas próprias indústrias culturais. Um relatório realizado em 1998 pela International Intellectual Property Alliance (IIPA), associação americana dos direitos autorais, indica que, segundo suas observações, as indústrias culturais baseadas no direito autoral evoluíram entre 1977 e 1996 nos Estados Unidos a uma taxa de crescimento três vezes mais rápida que a taxa anual média da economia nacional.

A Grã-Bretanha, muito ligada aos Estados Unidos em seus fluxos econômicos, parece experimentar um fenômeno similar: em 2000, a cifra das exportações ligadas ao que neste país chamam de "indústrias criativas" alcançava mais de 14 bilhões de dólares.

Por outro lado, pode-se notar que, desde o início dos anos 1980, o setor das indústrias culturais foi marcado por fortes transformações relacionadas tanto a seu "campo" como a suas estruturas e lógicas de funcionamento.

1) Em relação ao seu campo, pode-se dizer que ele engrossou e se polarizou. Engrossou, em primeiro lugar, porque ao lado das indústrias culturais "antigas" (livro, imprensa, cinema), o setor fonográfico adquiriu um lugar crescente em razão de um forte desenvolvimento geral das práticas musicais. Depois surgiram o vídeo nos anos 1980, o CD-ROM e a multimídia nos anos 1990. O motor das transformações desse campo é, evidentemente, a inovação tecnológica na passagem ao CD de áudio, do difícil surgimento de um padrão de vídeo e, posteriormente, do crescimento do poder das tecnologias digitais e do uso da Internet.

Polarizado também pela presença crescente e sistemática do audiovisual e da televisão, esse fenômeno se fortaleceu constantemente em torno de dois eixos: de um lado, a promoção em rádio e televisão, de outro, as possibilidades que oferece a revalorização "audiovisual" das produções de outras indústrias culturais. A transformação semântica em torno da noção de "audiovisual" atesta essa complexidade, pois esse termo veio a designar, com ampla aceitação, todo o setor de imagem animada (cinema, vídeo, televisão).

À incerteza e dissabores da problemática sinergia das múltiplas mídias no interior de grupos de comunicação constituídos freqüentemente em forma de conglomerados que marcaram os anos 1980, sucedeu-se a evidência da valorização cruzada e a multiplicação dos "produtos derivados" em todas as formas (livros, filmes, objetos, etc.). Esse movimento de rentabilização por "variantes" extrapola o marco estrito das indústrias culturais, mas é perfeitamente generalizado em todas elas e chegou mesmo aos âmbitos culturais mais tradicionais (museus, bibliotecas, sítios patrimoniais, etc.).

2) Em relação às transformações estruturais, as principais transformações que afetaram os diferentes ramos foram a concentração num modo oligopolista em geral (pela preferência marcada pelo crescimento externo, o efeito promissor do crescimento rápido de volumes e a penetração facilitada nos mercados), o desenvolvimento de uma comercialização sofisticada dos produtos que vale para uma parte dos livros e dos discos, mas também para a maioria dos longas-metragens e os públicos de rádio e televisão, e os leitores da imprensa vendidos aos anunciantes.

Por fim, algumas atividades como a edição de vídeos e a produção de programas audiovisuais se estabeleceram como verdadeiros "ramos" e constituíram de fato suas estruturas industriais e profissionais durante esses anos.

3) No campo das "lógicas de funcionamento" detectam-se várias tendências estruturantes: a importância crescente da comercialização acelerada do recurso "raro" dos catálogos e dos direitos na perspectiva de desenvolvimento de novos canais de difusão (cabo nos anos 1980, depois satélite, "autopistas" da informação até 1995 e, hoje, sistema digital por microondas). As indústrias culturais se tornaram, assim como os ramos de atividades tradicionais, orientadas ou guiadas pelo mercado.

4) Essa transformação, relacionada ao surgimento de mercados de dimensão continental, planetário até, impõe a construção de verdadeiras infra-estruturas de difusão só possíveis com a intervenção massiva do capital financeiro. Esses dois elementos — setores "arrastados" pelo mercado de massa e intensidade do capital — serão, sem dúvida, essenciais nas transformações futuras.

Observa-se enfim, depois da internacionalização dos mercados, uma internacionalização de estratégias que já impõe a integração dos objetivos nacionais no interior de conjuntos mais amplos, continentais ou "regionais", para melhor realizar as condições de uma concorrência eficaz e pesar no cenário das negociações na escala hoje exigida. Essa integração não é nem natural nem tampouco fácil; ela supõe grandes esforços de convencimento e, às vezes, longos debates (pode-se pensar aqui no exemplo do preço único do livro na Europa) para encontrar as soluções de consenso aceitáveis entre países que não têm nem as mesmas capacidades industriais, nem tampouco as mesmas tradições de Estado, nem ainda as mesmas visões das políticas culturais (nesses pontos, por exemplo, não é apenas o "Canal" que separa a França e a Grã-Bretanha).

5) O mercado das indústrias culturais também se caracteriza no nível internacional pelos mesmos tipos de desequilíbrios que se detectam nos setores industriais clássicos. A concentração dos atores é uma de suas características fundamentais: já na metade dos anos 1990, Estados Unidos, Alemanha, Grã-Bretanha e Japão totalizavam quase 60% das exportações de bens culturais no mundo e, incluindo a França, representavam mais de 50% das importações (dados da Unesco). O surgimento da China nesse setor não mudou profundamente essa situação.

A esse clube exclusivo de atores estatais corresponde um clube também cada vez mais reduzido de enormes atores econômicos, tão enormes que seu advento, em fins dos anos 1990, provoca temores de estar se constituindo um novo oligopólio mundial, comparável, segundo alguns analistas, à indústria automobilística no início do século.

Essa evolução das dimensões e dos mercados cobertos é muito rápida: em 1993, as 50 maiores companhias audiovisuais vendiam 120 bilhões de dólares; cinco anos mais tarde, os 7 maiores grupos de mídia superam essa cifra. Em 1993, a "base" de origem das principais empresas ainda era dividida mais ou menos por igual entre os Estados Unidos (36%), a União Européia (33%) e o Japão (26%); no fim da década de 1990, mais de 50% das companhias estavam nos Estados Unidos (a estratégia do Grupo Vivendi, embora fracassada, é exemplar desse fenômeno de "aspiração" para o continente norte-americano nesse campo).

B. Indústrias culturais: ramos de produção e concentração

O que é um ramo de produção? Ele pode ser representado como uma seqüência de operações que se sucedem desde o tratamento das matérias-primas até a elaboração do produto final. Os ramos podem ser decompostos, portanto, em grandes fases sucessivas e, no que trata das indústrias culturais, classicamente se pensa em cinco delas que permitem uma abordagem comparativa simplificada mas sugestiva.

Fase 1: o início do processo, **a fase de criação**, de concepção do protótipo. Aparece como uma etapa preliminar durante a qual um autor elabora um projeto original sem mobilizar imediatamente recursos financeiros consideráveis. É a redação de um romance, por exemplo, a composição de uma música, o cenário de um filme, e, hoje, fala-se até do código-fonte de um *software*. Essa primeira fase é o feito dos autores, dos compositores e dos que interpretam suas obras; é de sua importância que decorre a especificidade das indústrias culturais com as características que descrevemos anteriormente.

Fase 2: a fase de edição e produção. De um ponto de vista econômico, trata-se da fase-chave das indústrias culturais. Ela consiste em assegurar a coordenação da fase "inicial" com o conjunto das fases seguintes para fazer a criação de um artista alcançar um *status* de "bem cultural" oferecido (e, se possível, vendido) num mercado. Essa fase é também aquela em que o risco é máximo no processo porque "ela necessita de fortes investimentos financeiros comparáveis aos das indústrias tradicionais. Os atores econômicos são empresas cujo porte e integração são muito variáveis: encontram-se aqui os "grandes especialistas" e grupos muito grandes que possuem toda a gama de produtos culturais assim como "casas" independentes.

Fase 3: a fase de fabricação. Ela corresponde à materialização de uma idéia criadora num produto "físico" passível de reprodução em três grandes séries (impressão de um livro, prensagem e acondicionamento de um CD musical, de um DVD, serviços técnicos para o cinema). Essas atividades de fabricação, duplicação industrial, reprodução, são, na maioria das vezes, atividades subcontratadas administradas pelo editor-produtor da fase 2. A fase de fabricação sofreu um forte impacto, desde o início dos anos 1980, das inovações tecnológicas (tecnologias digitais, especialmente) e disso resultou uma forte corrida para a produtividade, fenômenos crescentes de concorrência e fortes baixas de preços.

Fase 4: a fase da distribuição (também chamada "difusão") em que o produto é colocado à disposição das redes de vendas. As atividades de distribuição-difusão variam de acordo com os grandes ramos das indústrias culturais: assegurar a promoção de um catálogo de obras e as relações comerciais junto aos "vendedores" assim como toda a gestão dos fluxos físicos e financeiros com esses últimos (logística, cobranças, etc.), no ramo do "livro"; encarregar-se além de tudo isso dos custos de comunicação e de publicidade no ramo "musical"; ser, além disso, um verdadeiro agente da organização financeira do cinema (na França, por exemplo) pelo sistema de adiantamento da receita gerada pelos filmes, de cuja distribuição se encarrega, no ramo da tela grande.

Fase 5: a fase da comercialização pública. Em relação aos setores culturais, encontram-se aqui múltiplas estruturas: tanto "varejistas" (livrarias e lojas de discos, mas estas últimas em grande parte desapareceram), megalojas especializadas em produtos culturais (Fnac, Virgin) ou hipermercados (Lojas Americanas); acham-se aqui também as empresas exibidoras de cinema.

Embora seja recente a evolução do comércio eletrônico (ligado à Internet, aos equipamentos domésticos e às questões de pagamento *on-line*), é também aqui que se devem classificar os sites de vendas *on-line*, tanto os independentes (Amazon.com) como os vinculados a megalojas especializadas (Fnac.com, Virgin.com), ou ainda a redes de varejo, que melhoram assim a relação com a clientela.

Na vida econômica concreta do conjunto dos atores envolvidos nessas diferentes fases, ocorrem combinações variáveis de suas relações. A fase 1 é uma fase "à parte", o que determina um certo número de desafios econômicos, como se verá, na questão dos direitos de propriedade intelectual e artística. A terceirização da fase 3 continua, mas com a baixa dos custos de produção e a padronização dos processos industriais induzidos pela automação e a robotização ela não apresenta um grande interesse em termos de valor agregado; ao contrário, a competição pode ser muito feroz e centrar-se apenas em nichos muito especializados que permitem os "pequenos fabricantes" viverem num mundo em que a corrida aos preços baixos deixa lugar apenas aos industriais capazes de acompanhar o mercado em termos de produtividade, reatividade e tamanho crítico. Alguns grandes, aliás, se concentram em dominar completamente essa fase de maneira interna por razões estratégicas de conduta oligopolista.

As relações entre os atores das fases 2, 4 e 5 são mais complexas. Dentro dos agentes da fase 2 (edição e produção), o crescimento dos investimentos para assegurar uma variedade suficiente de produtos originais destinados a mercados internacionais provoca constantes fenômenos de concentração que se explicam, em grande parte, pela intensidade capitalista hoje requerida nesses setores e pela necessidade de dispor de um catálogo muito diversificado (veja-se a recente fusão de Sony e BMG, por exemplo). A fase 4 é também a sede de uma concentração muito intensa porque representa o meio por excelência de acesso aos mercados e uma forte ferramenta de pressão.

TABELA DE RECAPITULAÇÃO DOS AGENTES DE CADA RAMO

	CINEMA	MÚSICA	LIVRO
Criação	Roteiristas, diretores, intérpretes	Compositores (palavras e/ou música)	Autor de manuscrito
Edição/Produção	Produtor	Editor, produtor	Editor
Fabricação	Indústrias técnicas, fabricações de filmes virgens	Prensagem e acondicionamento de CD	Impressor
Distribuição	Distribuidor	Logística, promoção e gestão de catálogos	Difusor (promoção dos catálogos nos pontos de venda), distribuidor (logística de entrega e de gestão física e financeira das obras)
Comercialização	Exibidores	Lojas de discos, megalojas especializadas, hipermercados	Livrarias, megalojas especializadas, hipermercados

(Segundo J. Farchy, 2002) *Para comodidade de leitura dos três principais ramos, os DVDs foram voluntariamente excluídos da tabela. Está claro que, tanto quanto os produtos digitais, eles são semelhantes aos CDs musicais em termos de fabricação (prensagem a partir de um master), quanto em termos de distribuição e logística e de comercialização [lojas especializadas, megalojas de produtos culturais, hipermercados]. Por comodidade, também, a venda on-line (Internet) não figura nessa tabela.)*

Teoricamente, a doutrina econômica padrão interliga a estrutura vertical das empresas à dimensão do mercado: quando surge uma indústria, a dimensão do mercado em geral é fraca demais para suportar empresas especializadas em cada fase do ramo (Stigler, 1951); quando as oportunidades de mercado se desenvolvem, a existência de empresas especializadas torna-se possível graças à lógica das especializações de funções e de sua viabilidade e se produzem fenômenos de desintegração vertical no ramo considerado.

As indústrias culturais não são exceção a essa regra, mas a internacionalização dos mercados e os desequilíbrios internos no setor (nos níveis nacional e internacional), e as mudanças induzidas pelo consumo de massa provocam também movimentos inversos de integração vertical ligando diretamente os atores da fase 2 com os da fase 5 (no cinema, por exemplo, em que a posse direta de uma rede de salas pode se tornar uma garantia de receitas), ou ainda ligando os atores da fase 2 com os da fase 4 (no setor do livro, por exemplo, mas também no cinema e na música: a distribuição pode tornar-se então uma ferramenta excludente, um gargalo de estrangulamento a serviço dos grandes grupos). Por outro lado, os grandes atores da fase 5 desenvolvem, em geral, estratégias de implantação nacionais e internacionais (Fnac, Lojas Americanas, Virgin) que lhes proporcionam um poder muito grande de prescrição e de negociação sobre muitas empresas (em particular, as empresas ou grupos de "médio" porte) da fase 2 graças a suas capacidades de intervenção nos mercados culturais.

A causa fundamental de todos esses movimentos reside **na necessidade de recuperar ao máximo o valor agregado** nas diferentes fases em que ele se criou e conservar ou aumentar suas capacidades competitivas ou suas posições, sobretudo quando elas são dominantes. Como as indústrias culturais se converteram num setor muito competitivo em que não se pode diminuir muito a incerteza, a competição pelo valor agregado tornou-se a regra.

É nesse quadro em que as estratégias das grandes empresas ou as de um país como os Estados Unidos tornam-se compreensíveis. É nesse quadro também que se pode compreender melhor os debates atuais sobre alternativa de direitos autorais/*copyright*, porque aqui se trata também de uma luta nova, mas desta vez entre os atores da fase 2 e os da fase 1, pelas riquezas que a propriedade intelectual e artística geram no quadro dos mercados globalizados.

Sejam quais forem as distinções que se possam fazer segundo os países ou as áreas continentais, está claro que o período atual se caracteriza por uma aceleração dos fenômenos de concentração, tanto verticais como horizontais, nas indústrias culturais. Um indicador desse fenômeno é o número e o valor das fusões e aquisições entre grupos. Em 20 anos, o fenômeno se desenvolveu extraordinariamente tanto em ritmo como na importância dos interesses financeiros em jogo. Considerando o período 1980-2001, percebe-se que ele se decompõe em duas fases. Na primeira fase (1980-1991) ocorreu apenas uma dezena de fusões e aquisições entre empresas importantes com operações internacionais, colocando em jogo uma quantia total de cerca de 45 bilhões de dólares. Na segunda fase (1992-2001), registram-se pelo menos 36 megafusões para um total superior a 480 bilhões de dólares (Peltier, Moreau, Coutinet, 2002).

Os economistas consideram que a maioria desses movimentos visa excluir a concorrência, reforçar as posições dominantes em certos segmentos ou completar uma gama de ofertas pela aquisição de catálogos. Nota-se que, por um lado, os grandes grupos não hesitaram em estabelecer alianças entre si (alianças visando também intimidar possíveis concorrentes "novos"), alianças de produção nos setores dos pacotes digitais de televisão, alianças para o fornecimento de conteúdos nos canais de televisão, alianças financeiras, às vezes nos setores da distribuição digital.

Essas alianças estão orientadas sobretudo para a penetração nos mercados estrangeiros, mas também podem abranger estratégias de "conluio" com o objetivo de fechar mercados (a Comunidade Européia moveu recentemente uma ação contra a indústria fonográfica suspeita de montar esse tipo de entendimento) ou ainda de correr o menor risco possível na exploração das plataformas de vendas *on-line* na Web.

O fato de essas fusões e aquisições conseguirem reforçar a diversidade cultural é outra história. A lógica dos grandes grupos internacionais, tanto nas indústrias culturais como em outras é, sabidamente, uma lógica financeira visando antes de tudo remunerar melhor seus acionistas. A qualidade artística ganha ou perde com isso?

A resposta não é fácil e não é certo que teremos elementos para responder a essa pergunta tão cedo. As compras de empresas e de catálogos trazem, com freqüência, uma espécie de contrapeso à uniformização que se presta às estratégias fundadas no *marketing* e nos mercados de massa. Os temores que os fenômenos avançados de concentração despertam, no sentido de formarem um "*big brother*" da cultura, se relativizam quando se examina mais de perto o modelo econômico que se constitui sob nossos olhos e que os economistas qualificaram com o nome estranho de "oligopólio de franja".

C. O modelo em ação: o oligopólio de franja

Devemos essa curiosa denominação ao economista americano Georges Stigler. O que ela abrange? Ela significa simplesmente que o setor das indústrias culturais se estruturou sobre o domínio das grandes empresas (as "majors") em torno das quais vivem e atuam, contudo, uma miríade de empresas pequenas, algumas muito pequenas até.

Em cada indústria se formaram grupos muito poderosos cujas atividades e dimensão lhes permitem jogar no campo das grandes nos planos regional e, muitas vezes, mundial (os grupos americanos, em especial, mas alguns grupos europeus não estão parados e podem-se citar aqui Bertelsmann ou Hachette, ou ainda, Vivendi-Universal).

O tipo de concorrência provocada pela existência de oligopólios pode tomar três formas principais: o **oligopólio homogêneo** em que os produtores oferecem produtos similares quanto às gamas, com o que a vantagem do custo é absolutamente determinante para cada empresa (é o caso do setor automobilístico); o **oligopólio diferenciado** que joga na diferenciação dos produtos (é o caso dos cosméticos e dos detergentes, por exemplo); e o

oligopólio de franja em que o centro oligopolístico coexiste com uma franja concorrencial que age em "nichos" de mercado e é capaz de responder às demandas específicas dos consumidores.

O oligopólio de franja é a estrutura dominante nas indústrias culturais em que a estrutura oligopolística é acompanhada por uma multidão de empresas independentes. Esse modelo constitui uma poderosa ferramenta para se compreender os fenômenos em ação no setor e uma base sólida de compreensão das empresas que aí atuam.

A franja concorrencial (as pequenas empresas) se caracteriza pela fraqueza de suas participações no mercado, pela fragilidade das empresas que a compõem e pela liberdade de entrar no ramo constituindo a juventude dessas empresas um bom indicador dessa liberdade de entrada. O essencial da franja é constituído por empresas que operam na fase 2 dos ramos: edição e produção (assim, na França, ao lado dos grupos europeus e americanos muito grandes que dominam, podiam-se recensear, em 2001, 1500 sociedades de produção de longas metragens, 4000 de curtas metragens, 1800 selos independentes de produção musical, um pouco mais de 1200 editoras de livros independentes). Contudo, aí se encontram também empresas de franja que operam na ponta final do processo (pequenas impressoras especializadas, pequenos distribuidores, salas de arte e de ensaio independentes, lojas de discos e livrarias especializadas), mas em menor quantidade.

De fato, **a liberdade de entrada nos setores é exercida majoritariamente nas fases em que a dominação das "majors" não pode se desenvolver de maneira absoluta.** As "majors" dominam os setores controlando os estágios de reprodução industrial e difusão dos produtos, que são as funções mais homogêneas do processo global de produção. A reprodução industrial e a difusão são as mais propícias para uma concentração baseada nos critérios tecnológicos clássicos de custos, mais que a edição e a produção, para a qual a variedade de produtos, por um lado, a desconexão dos custos de produção e do sucesso potencial das obras, de outro, favorecem a possibilidade de uma atomização maior das empresas.

A concentração que se desenrola na distribuição é um elemento-chave para compreender a estrutura e o funcionamento atual das indústrias culturais. O capítulo seguinte apresentará explicações suplementares desse fenômeno referentes aos comportamentos oligopolísticos ligados ao advento das tecnologias digitais que visam essencialmente dominar os mercados com o máximo de rentabilidade e a controlar as concorrências potenciais. Nos mercados culturais, e isso se torna ainda mais verdadeiro com as possibilidades de difusão oferecidas pela tecnologia digital e a Internet em especial, é evidente que quem detém um forte poder de distribuição poderá não só vender melhor seus próprios produtos, como também "sujeitar" melhor seus competidores e analisar melhor e mais rápido as evoluções dos mercados. Posição de força e antecipação se aliam aqui para dar às empresas em causa uma verdadeira vantagem competitiva.

O domínio da distribuição permite a algumas empresas dominar, com o tempo, dois efeitos particulares detectados pelos economistas no setor das indústrias culturais: o efeito de moda e o efeito de "reserva".

O efeito de moda consiste na busca especulativa de talentos visando à elaboração de produtos rapidamente obsoletos e rapidamente "esquecidos" pelos consumidores. Esse efeito é particularmente importante nos ramos musical (com exceção da música clássica) em que 80% das vendas de um produto são realizadas no primeiro mês de seu lançamento e de cinema em que 90% das receitas são obtidas nos quatro meses seguintes à entrada em cartaz de um filme. Essa lógica tende a se estender também ao livro e na Europa se nota, por exemplo, "devoluções" cada vez mais rápidas de livros às editoras quando as vendas se "comportaram mal" nos três primeiros meses.

O efeito "reserva" está ligado ao fato de que nas indústrias culturais as empresas conservam, durante um longo período, os direitos sobre as obras e poderão tirar partido deles em mercados secundários (produtos derivados da publicidade, televisões, etc.) ou reeditar aproveitando "retornos à moda" ou então fenômenos de consumo tardio ligados ao êxito das vanguardas. Para elas, os rendimentos podem, portanto, se estender por um longo período e, nesse âmbito, as grandes empresas detentoras de um vasto catálogo e capazes de dominar ou orientar a distribuição possuirão uma vantagem muito clara porque poderão pesar diretamente nas reedições e nos "remakes".

Com o modelo de oligopólio de franja, é indispensável compreender os laços que unem as estratégias das "majors" e as dos independentes para apreender a estrutura dos mercados.

Nos mercados oligopolísticos, a existência de empresas de pequeno porte se explica pela satisfação de demandas específicas que permitem a criação de nichos. Essas demandas e esses nichos não interessam, em geral, às empresas muito grandes por questões de custos de produção, em especial.

Assim, pela diferenciação característica dos produtos culturais, a pequena empresa encontra uma vantagem concorrencial que não teria numa lógica econômica dominada apenas pelos custos. Essa estratégia só pode ser eficaz no início da cadeia de produção do ramo (fase 2, edição e produção) porque as independentes têm muita dificuldade de enfrentar as "majors" na distribuição, em que os problemas de custos são determinantes.

A franja concorrencial do oligopólio corresponde, como já se disse, a um conjunto heterogêneo de pequenas e médias empresas caracterizadas por sua fragilidade financeira e que portanto assumem riscos em cada projeto. Dívidas com fornecedores e contas bancárias a descoberto são freqüentes e elas têm muita dificuldade de recorrer a empréstimos. Essa fragilidade e a falta de reservas as impedem de superar as conseqüências dos fracassos sempre possíveis (incerteza). Tudo isso explica a curta duração da vida dessas empresas e a "rotatividade" constatada em toda sua população. Na sua demografia, a morte é precoce.

Em compensação, elas desempenham um papel essencial na renovação da criatividade artística. Investindo em setores em que a rentabilidade não é garantida e assumindo os riscos que as grandes empresas se recusam a assumir, elas ocupam um lugar dinâmico para a inovação e desempenham um papel de laboratórios da pesquisa artística.

As *majors* sabem disso e estão atentas às descobertas potenciais dessas empresas, com as quais poderão colocar em ação seus processos comerciais sem o risco nem a pesquisa do primeiro produto. Controlar a distribuição lhes serve, nesse caso, de maneira muito especial, pois as grandes empresas são as primeiras a se inteirar das evoluções das modas e dos gostos.

Como acontece na indústria cinematográfica americana, elas podem manejar assim os produtos de uma multidão de produtores independentes e maximizar seus lucros. Podem também praticar a "subtração" de artistas; sua capacidade financeira lhes permite, de fato, enriquecer-se extremamente com os contratos firmados entre alguns artistas e as empresas independentes (vê-se isso todos os dias nos setores de música ou do livro). Em poucas palavras, os "descobridores" fazem o trabalho, as *majors* extraem a renda ao selecionar os talentos e desenvolver as carreiras mais "interessantes" e se tornam essas *winners-take-all* descritas em R.H. Frank e P.J. Cook (1995).

Elas também podem desenvolver um comportamento mimético em face do sucesso e da rentabilidade das correntes lançadas por independentes, promovendo grupos musicais, livros ou filmes que desenvolvam um estilo comparável aos que tiveram sucesso. Pode-se pensar aqui no *reggae*, no *rap*, ou ainda em certos filmes cujos ingredientes dramáticos são copiados e colados. Esse comportamento de "seguidor" é pouco glorioso no plano da inovação artística, mas extremamente rentável em termos financeiros; o mimetismo, por outro lado, é uma regra que as "majors" aplicaram fartamente nas estratégias de "seqüências" que permitem explorar "filões" rentáveis (no cinema, por exemplo, *Alien, Alien 2, Alien 3*, ou então *Rocky, 1, 2, 3, 4...*).

Elas podem, enfim, praticar a aquisição de empresas independentes, o que parece espantoso porque elas assumem assim por sua conta os riscos corridos; no entanto, essa atitude é compreensível em termos estratégicos em contextos de desaquecimento dos mercados ou de risco de alianças das independentes entre si: em vez de deixarem os "pequenos átomos" se ligarem uns aos outros para se tornarem "grandes moléculas" capazes, por exemplo, de entrar na distribuição ou na comercialização, as "majors" preferem comprá-los para evitar novos concorrentes e preservar ou aumentar sua fatia de mercado.

Como se pode ver, o modelo de oligopólio de franja permite explicar vários fenômenos observáveis no setor das indústrias culturais, em especial os do estrelato e da "estrelificação", o dos contratos maravilhosos firmados com alguns artistas, o dos contratos rompidos por falta de resultados financeiros, a massificação das difusões, a precariedade das empresas da franja, a saúde financeira das "majors". Coloca também, diretamente, a questão da criação artística em seus novos aspectos questionando os modos de intervenção das políticas públicas (quando e como intervir no setor das indústrias culturais?).

4. Os motores da evolução: práticas, consumo de massa e evoluções tecnológicas

A situação que prevalece no campo das indústrias culturais no plano mundial é claramente o de uma dominação por vezes absolutamente exclusiva, freqüentemente muito importante e sempre muito dinâmica das indústrias de origem norte-americanas. Todos os dados numéricos que possuímos, seja qual for a sua fonte, confirmam essa vantagem patente.

Comparado ao dos Estados Unidos, o peso do conjunto europeu, por mais ampliado que se possa conceber, não chega a um terço, na melhor hipótese à metade das atividades consideradas. E se deixarmos a escala dos conjuntos regionais para comparar país com país, as relações de força parecem literalmente a relação de um gigante com anões. Tomemos um último exemplo, o do cinema, uma das "velhas" indústrias culturais.

As vendas do cinema americano em 2000 são dez vezes maiores que as da Alemanha, da Grã-Bretanha ou da França, quinze vezes maiores que as da Itália ou da Espanha, isso para falar apenas dos "maiores" países europeus. Essa comparação bruta das vendas seria imprópria se não fosse completada por uma avaliação das fatias de mercado detidas em cada indústria nacional no próprio território: a Itália satisfaz as necessidades de 17,5% do seu mercado nacional, a Espanha apenas 10%, a Alemanha 12,5% e a França, a mais dinâmica de todas, 28,2%. Os Estados Unidos abastecem 92,5% de seu mercado doméstico, o que significa que o saturam, e conseguiram penetrações arrasadoras em todos os mercados externos.

Segundo os estudos da Unesco, 85% dos filmes difundidos em salas por todo o mundo são produzidos hoje em Hollywood, que retirava apenas 30% de suas receitas dos mercados externos nos anos 1980 e hoje retira mais de 55%. Em todo o mundo, os déficits comerciais são em favor dos Estados Unidos, sem falar da América Latina, onde a penetração das produções européias não passa de 10% enquanto as produções norte-americanas ocupam, às vezes, até 95% dos mercados internos (Chile, Costa Rica).

Para todos os lados que se olhe, a posição dos Estados Unidos é, portanto, esmagadora. Algumas razões explicam essa situação histórica.

A posse de um enorme mercado interno é uma das primeiras: as possibilidades de retorno sobre investimentos nas indústrias que visam a uma população de 250 milhões de habitantes como primeiro alvo permitem aos produtos culturais americanos expectativas de rentabilidade consideráveis e lhes conferem pontos de apoio sem paralelo (em termos de solvência) no enfoque dos mercados externos. Essa questão de um "grande mercado interno" constitui, desde o fim da Segunda Guerra Mundial, uma das causas poderosas da tendência à constituição de conjuntos "regionais" poderosos, integrados economicamente e, se possível, politicamente, capazes de rivalizar de fato com o poderio americano.

A segunda razão tem a ver com a história econômica desse país em que a consciência — por necessidade — da importância crucial das infra-estruturas para o desenvolvimento e a distribuição dos produtos sempre foi muito forte e aliada a uma capacidade muito grande de aproveitar as oportunidades resultantes das inovações tecnológicas (automóvel, telecomunicações, informática, etc.). Essa consciência levantou muito cedo as inibições e barreiras entre capital industrial e capital financeiro, abrindo o caminho mais diretamente a projetos de grande porte em que a dimensão internacional era um dos aspectos da rentabilidade e, agora, o aspecto central da rentabilidade.

A terceira razão tem a ver com a relação muito específica que os Estados Unidos mantêm com o universo da cultura. As palavras, como de hábito, são importantes aqui; enquanto na Europa se fala das "indústrias culturais" (e, muitas vezes, a contragosto), os americanos empregam o termo "entretenimento" que, longe de remeter a qualquer reverência pelo patrimônio ou por uma produção do espírito estimável por seu aspecto criador, corresponde ao campo semântico da "distração", da diversão e do lazer.

Quando os europeus ou os latino-americanos vivem simbolicamente o enfoque da cultura como um meio "de elevação", isto é, de "distinção" (social ou outra), e como um meio de abertura para o mundo, eles produzem um sistema de pensamento voltado para o ato criador e os artistas como fontes e origem de valores culturais. Quando os americanos falam do "entretenimento", eles descrevem um sistema voltado para o alvo comprador que deseja o relaxamento e a distração: é a satisfação desse alvo que é então muito seriamente industrializada, nos serviços e nos bens, do turismo de massa aos produtos culturais. Não é "natural" nos paradigmas europeu e latino-americano viver a cultura como uma "matéria-prima" suscetível de transformações normalizadas e pacotes em série.

Dimensão dos mercados, visão internacional, espírito empresarial, enfoque financeiro totalmente descomplexado caracterizam o esforço americano. É sobre essas bases que os Estados Unidos adquiriram a posição dominante e dominadora que hoje ocupam. É sobre essas bases que se criaram no mundo uma situação desfavorável para o desenvolvimento equilibrado das culturas, um contexto de verdadeiro "império" cultural (duplicando ele mesmo outros desígnios imperiais), uma conjuntura em que o peso das ameaças se tornou suficientemente determinante e sufocante para autorizar uma resistência e a pesquisa ativa de novas relações.

É preciso ainda examinar as modificações sociais que permitiram à estratégia e ao paradigma americano coincidir com nossa época e definir a medida das ações a se empreender para tentar reequilibrar uma hegemonia que, com certeza, não se deixará facilmente desfazer e que exigirá tempo e muita obstinação e convicção para reduzir.

A. As práticas culturais

No fundo, se considerarmos que o comportamento dos mercados é um reflexo econômico e não um complô elaborado por algumas multinacionais em busca da maximização dos lucros (que é sua "vocação" como empresas), mas de evoluções sociais que é preciso compreender antes de julgar, duas dimensões dos comportamentos culturais devem prender, sobretudo, a nossa atenção: a evolução das práticas culturais e a do consumo.

Já dissemos que as práticas culturais são, na maioria dos países desenvolvidos, indicadores de ascensão social e "de distinção".

Ir ao teatro ou escutar *jazz* em um clube não guardam — como ação social de valor — o mesmo significado que ir à ópera. De acordo com os países, a evolução histórica produziu hierarquias diferentes. Desde o começo, o cinema adquiriu um valor prático popular, enquanto a ópera na França continua marcada por um traço "aristocrático" que ela não tem na Itália. O circo, domínio aristocrático nas suas origens (as escolas de equitação), depois se tornou uma prática popular.

Todas essas transformações e suas diversas normas nos indicam que em vez de nos prendermos a uma definição da cultura em termos de "valor legítimo" ao qual são conferidos coeficientes de "belo", de "nobre", etc., devemos nos interessar pelas práticas concretas e por suas evoluções negligenciando, num primeiro momento, a maneira como os indivíduos as representam ou se representam nelas. Todos os estudos sociológicos indicam que, nos países desenvolvidos, os principais praticantes culturais pertencem às camadas da população dotadas de melhores "capitais sociais", em termos de formação, disponibilidade financeira e de perspectivas positivas em evolução de emprego. A correlação entre o nível de diploma e as práticas mais "cultas" (teatro, música clássica, ópera, etc.) é extremamente forte. Teoricamente, os indivíduos desse tipo são também aqueles que dispõem do maior capital "tempo" para se cultivar.

Ora, se essas camadas viram seus efetivos incharem, permitindo a certos sociólogos afirmar que as sociedades desenvolvidas são hoje constituídas por uma imensa "camada média" (Mendras), alguns estudos permitem afirmar também que essa melhora global do nível geral de vida é acompanhada por uma "despossessão" do tempo. "A tendência à queda do tempo de trabalho se desacelerou, depois se inverteu nos últimos 15 anos, em especial para os executivos e profissões intelectuais superiores que são precisamente os grandes pilares do consumo cultural, aqueles cuja intensidade persistente de consumo constitui o grosso da freqüência da 'cultura culta', mas também a desesperança dos empregados nos indicadores de democratização cultural". (P.-M. Menger, 2002). Todas as análises sobre os países desenvolvidos (Gershuny, 2000; Robinson e Tobey sobre os Estados Unidos, 1992, 1997; Chenu e Herpin, para a França, 2002) colocam a questão de uma "pausa na marcha para a civilização do lazer".

No interior da queda secular do horário de trabalho, se produziria então um **movimento contracíclico referente às categorias mais "praticantes"**, movimento vinculado a transformações na própria economia — pressão sobre os executivos e os trabalhadores mais qualificados — conduzindo a decisões cada vez mais difíceis sobre o uso do tempo.

Essa pressão sobre o tempo, essa impressão de que ele falta cada vez mais, pode explicar nos praticantes de alto nível uma espécie de "avidez" observada no favorecimento dos festivais (ocasião de prática ao máximo num mínimo de tempo) e uma compensação na compra de cada vez mais produtos culturais de alto valor (CD, DVD, etc.) associados também a valores educativos. Essas camadas se acostumam a ver pouco a televisão.

Ao contrário, para as categorias que se elevaram em termos de poder aquisitivo mas que, dispondo de mais tempo livre, ainda não puderam capitalizar um enfoque "culto" da cultura, a prática da televisão cresce de maneira desmedida, às vezes com muitos aparelhos na mesma casa, e o consumo de produtos culturais se faz sobre as bases-padrão da promoção publicitária, veiculadas principalmente pelos meios audiovisuais. Em poucas palavras, pode-se levantar a hipótese de que o rápido crescimento das indústrias culturais e o sucesso de modelos que se podem, segundo a própria opinião, julgar culturalmente degradados e uniformizantes se baseiam nas transformações no seio dos comportamentos sociais, transformações massivas elas próprias consecutivas a transformações econômicas.

Essas transformações econômicas afetam, antes de tudo, as sociedades desenvolvidas e, no quadro de uma economia mundial que se tornou extremamente concorrencial, cristalizam-se na busca de uma competitividade sem limites. Sobre esse ponto, vários economistas (Stiglitz, Cohen, 2001, e outros) emitem a hipótese de que o achado mais genial do sistema capitalista sobre esse tema supera de longe todas as receitas antigas conhecidas (prêmios, aumentos de salários, organização clara, etc.).

Esse achado é a dedicação psíquica dos indivíduos e o funcionamento em rede que responsabiliza os agentes produtivos e os coloca no centro de um conjunto incrivelmente vasto de interdependências que ele deve gerir "com toda autonomia", mas, claro, com o máximo de rendimento e de eficácia operacional. Não há limite para uma produtividade fundada no desejo e na realização pessoal, salvo, evidentemente, a fadiga psíquica e o desgaste (donde, aliás, nas sociedades desenvolvidas, a freqüência agora patente dos problemas mentais e, em especial, das patologias resultantes das pressões do *stress*).

Essa análise se junta, por outro lado, à constatação de sociólogos como P.-M. Menger que constata o que chama de "uma troca de atributos" entre o trabalho e as práticas culturais por essas populações com excesso de ocupações, mas às quais falta tempo (executivos, trabalhadores intelectuais, etc.): o trabalho não é mais uma alienação, mas um lugar de forte desejo e realização pessoal, enquanto as práticas culturais são o objeto de uma programação, de uma planificação mais séria até, e se encontram submetidas a critérios de seleção de opções muito estritos. De uma maneira um pouco provocadora se poderia dizer que jamais os fenômenos econômicos repousaram tanto sobre o espírito humano convertido em motor da produtividade, e é isso que explica, sem dúvida, que ele tenha se tornado também o processo de toda uma série de empresas industriais, entre elas as indústrias culturais.

Daniel Cohen nota a esse propósito que a característica fundamental da economia moderna não é a terceirização de que tanto se falou e que nos teria feito passar do estágio de sociedades industriais ao de sociedades de serviços, mas a importância crucial que tomaram, no conjunto dos processos produtivos, a "fábrica" e a "manutenção" do homem (educação, cultura, saúde, seguros, formação, etc.). Voltaremos a isso na segunda parte.

B. Os consumos culturais

As pesquisas realizadas sobre os consumos culturais, suas evoluções, seus objetos e suas estruturas sociodemográficas parecem confirmar essas hipóteses.

O exemplo dos Estados Unidos nesse aspecto é muito esclarecedor. Os consumos culturais vividos sob a forma de "entretenimento", como foi dito, adquiriram uma importância extraordinária naquele país. Segundo N. Gabler (1998), historiador e crítico da mídia, os produtos culturais destinados ao lazer e ao espetáculo constituem o ápice de uma espécie de "revolução" consumista e representam a tendência econômica e social mais marcante de nossa época. "Desde o fim do século XX, a principal atividade dos americanos já não era mais os negócios, mas os lazeres (...). As grandes indústrias que mais crescem nos Estados Unidos são cada vez mais diretamente ligadas a tudo aquilo que provém dos lazeres tradicionais ou das atividades que permitem que as pessoas encenem suas vidas de um modo ou de outro."

Na verdade, não é certeza que os norte-americanos tenham realmente abandonado o setor dos negócios e é possível que Gabler tenha se precipitado ao confundir os consumos culturais do povo americano com as estratégias econômicas das grandes empresas desse país e com as políticas do governo de Washington em termos de comércio internacional.

Os números são mais esclarecedores do que as proposições filosóficas duvidosas. Em comparação com os do comércio exterior, os números dos setores domésticos de todas as formas de lazer e de espetáculo mostram o crescimento econômico mais forte na metade dos anos 1990, com um volume de faturamento de mais de US$ 480 bilhões. Um orçamento que representa mais do que o orçamento da educação pública e privada no ensino básico e médio. Segundo as estatísticas do Ministério do Comércio americano, o montante dos consumos de lazer atingiu 9,43% do orçamento doméstico total. Na Califórnia, segundo J. Rifkin (2000), as receitas da indústria do espetáculo "superaram as da Aeronáutica, o que ilustra bem a reorientação das prioridades econômicas (...). Os consumidores americanos dedicam mais dinheiro aos espetáculos e ao lazer que aos seus gastos em matéria de veículos, saúde, eletrodomésticos, sapatos, habitação e energia."

É preciso destacar que esses tipos de consumo logo passaram a fazer parte dos usos e costumes e que os Estados Unidos desde sua origem consideraram as práticas e necessidades culturais como fenômenos capazes de produzir uma rentabilidade em escala industrial: desde 1909, havia em Nova York mais de 340 salas de cinema, cuja freqüência diária era de 250.000 espectadores por semana e de mais de 500.000 aos domingos (Rifkin, 2005). Segundo um estudo realizado em 1911, mais de 72% desses espectadores pertenciam à classe trabalhadora e apenas 3,5% às classes superiores da sociedade. Desde sua origem, os Estados Unidos e suas indústrias culturais perceberam que os produtos culturais podiam possuir um imenso valor econômico sob a condição de que se operasse o seu desenvolvimento para a massa e de que não se imiscuíssem questões de legitimidade cultural, tais como eram praticadas ou debatidas pelas "elites" que, sob hipótese alguma, poderiam constituir mercados tão atraentes quanto a imensidão da classe trabalhadora, de nativos ou imigrantes, que sonhava ascender à integração e aos benefícios do "American dream".

Na Europa, seria preciso esperar até a metade do século XX e, principalmente, ao período que se seguiu à Segunda Guerra Mundial para que esses fenômenos pudessem se desenvolver, ainda que em menor escala.

Abaixo encontra-se uma quadro de recapitulação do consumo cultural dos franceses. O consumo analisado na Europa pela Organização de Estatísticas Eurostat refletem as mesmas tendências.

Edição de livros	3.150	2.132
Edição de jornais		3.592
Edição de revistas e periódicos		
Edição de gravações sonoras	1.928	
Outras atividades de edição	469	
Fabricação de instrumentos musicais	463	1.316
Receptores de rádios para carros e rádios combinados		2.258
Receptores de televisão		1.264
Aparelhos de gravação de som e de imagem (1)	1.264	
Fabricação de produtos químicos para fotografia	688	385
Conserto de material eletrônico para o grande público (1)	385	
Atividades fotográficas	2.636	
Distribuição de filmes (fitas gravadas de vídeo-cassete)	2.700	
Projeção de filmes cinematográficos	1.091	5.235
Atividades de televisão		
Atividades de espetáculos	3.487	
Produções ao ar livre e parque de diversões	2.061	
Bailes e discotecas	1.190	
Outras atividades culturais	448	
Total	**21.960**	**16.182**
	57,6%	42,4%

Segundo a contabilidade nacional; fonte: INSEE/DEP

Os lares franceses dedicam mais de 4% do seu orçamento à cultura. Em termos de comparação, os gastos alimentares constituem 14,3% do consumo doméstico total, os gastos com a casa e seus equipamentos, 23,4%, os gastos com transporte, 11,9%; o consumo total com a saúde representa 13,2%, com a educação, 6,8%. Se seguirmos a hipótese de Daniel Cohen, podemos ver que o bloco "educação-saúde-cultura" tem um peso de cerca de 25% do orçamento doméstico total médio. No consumo cultural propriamente dito, diversos elementos merecem ser destacados:

a) a progressão dos gastos com a cultura é regular, com taxas que variam de 3,4% a 4% em média constante;
b) os bens culturais consumíveis (discos, livros, vídeo...) progridem incessantemente e hoje chegam a 40% dos gastos com a cultura.
c) se somarmos aos consumíveis a parte de equipamentos de aparelhos reprodutores que lhes servem de suporte, as indústrias culturais ocupam facilmente 50% do consumo cultural dos franceses.
d) o forte crescimento da micro-informática e da Internet, assim como do DVD, desde 1995, tiveram a capacidade de modificar nitidamente a evolução do consumo: entre 1999 e 2002, os gastos com materiais eletrônicos e informáticos progrediram 60% em volume (uma forte evolução em parte disfarçada pela baixa dos preços desses materiais, mas que aumenta incessantemente a base instalada, o que permite que as indústrias de bens culturais consolidem seu desenvolvimento).

A partir dessas constatações e desses números, dos quais se pode dizer que refletem uma tendência geral na Europa, é possível avançar para as seguintes hipóteses:

1) É preciso admitir, como um eixo de reflexão, que o acesso à cultura em nossas sociedades modernas passou a ser feito **maciçamente por intermédio dos produtos culturais** e não mais exclusivamente pelo contato direto com a criação artística em determinado lugar. É preciso aceitar a possibilidade de que o "mercado" também passou a ser um ator importante na evolução das possibilidades de democratização da cultura. Essa hipótese, se refletirmos bem sobre ela, traz conseqüências para a ação cultural dos processos mais concretos e cotidianos.

2) Pode-se imaginar que os fenômenos geracionais só farão aumentar esses novos modos de relação com a cultura. Já se observa nos jovens e em seus comportamentos ("cultura de quarto" fundada em produtos culturais e uso da

Internet, distanciamento em relação às concepções de "cultura intelectual" veiculadas pelos pais, adaptação precoce ao universo das tecnologias digitais...) os primeiros elementos dessa profunda transformação.

3) Parece razoável pensar que, em lugar de se entregar a um deleite moroso fundado sobre a condenação moral e moralista do mercado e de sua "mão invisível" (e em todo caso americana), o sentido da ação futura nos combates pela cultura passa pela intervenção ativa e pela modificação das tendências atuais, não por uma recusa abstrata e ineficaz das evoluções e das realidades de um mercado que deve ser compreendido antes de ser condenado.

C. As evoluções tecnológicas

A indústria como um todo sempre foi muito sensível às evoluções tecnológicas por causa dos elementos de aperfeiçoamento da produtividade que elas poderiam ajudar a gerar. Esse é um processo clássico e os últimos trinta anos demonstraram isso com clareza em todos os setores, desde o aço até o automóvel, desde a aeronáutica até a agronomia: em toda parte, a informatização e a mecanização do trabalho e dos procedimentos produziram transformações notáveis. As indústrias culturais são mais sensíveis às evoluções tecnológicas do que todas as outras porque, na maioria das vezes, as inovações da técnica provocaram e condicionaram o surgimento e a própria existência dessas indústrias em particular.

Os filões do livro, da música e do cinema são fundados nas capacidades tecnológicas: a impressão, a gravação e a difusão do som, o cinematógrafo e o tratamento da imagem animada. A tecnologia é a própria base da "possibilidade" industrial; pode-se também pensar a esse respeito no rádio e na televisão.

Atualmente, as indústrias culturais estão vivendo uma nova mutação tecnológica que alguns puderam chamar de "revolução digital".

As tecnologias digitais e interativas estiveram e continuam estando na origem das mudanças fundamentais da economia e da dinâmica concorrencial das indústrias culturais. Com efeito, a concepção tradicional que liga o texto ao livro ou à imprensa, a música ao rádio ou ao CD-ROM e ao CD, e a imagem aos televisores e ao cinema, está profundamente abalada e as distinções clássicas de filões que nós havíamos analisado anteriormente tornam-se porosas.

Atualmente, sobretudo com o desenvolvimento da Internet e das ondas sucessivas de inovações que se seguiram (*MP3* na música, *Quick Time* no vídeo, *Flash* nas animações, por exemplo), um canal de difusão não está mais limitado a uma só forma de conteúdo cultural. Mais amplamente, o advento da multimídia está na origem de um abalo das fronteiras existentes entre as indústrias culturais. A multimídia poderia então se definir como um filão majoritário, que reagrupa o conjunto das atividades destinadas ao consumidor final, textos, sons e imagens (animadas ou não) digitalizadas seja por um suporte físico (multimídia *off-line*: CD-ROM, CD, DVD), seja nos servidores em rede (multimídia *on-line*: Internet, serviços *on-line*).

Para além do filão, esses produtos podem assim alimentar não apenas o microcomputador, mas também um televisor e um telefone celular, assim como os produtos "multifuncionais" que aparecem atualmente no mercado. Eles então passam a ser absorvidos pela multimídia, os produtores de conteúdos culturais, mas também os gestores de redes (informática, telecomunicações, audiovisual) e as indústrias do material (microcomputadores, televisores, decodificadores...).

A reaproximação desses produtos culturais que anteriormente eram consumidos separadamente desdobra-se em novas interdependências com as indústrias de telecomunicações e de informática cujas lógicas econômicas são diferentes. Para os grandes grupos dos setores que comercializam a cultura, a multimídia constitui, ao mesmo tempo, uma extensão de seus mercados e um concorrente para seus produtos tradicionais. O acesso a novas competências tornou-se crucial para eles, com o objetivo de dominar os principais fatores capazes de fazer da multimídia uma reorientação dirigida para o sucesso.

Esse processo de "convergência" é uma das grandes causas dos movimentos de fusões e aquisições que já descrevemos e coloca problemas econômicos específicos às empresas do setor cultural que se alojam nesse nicho da multimídia ou o integram em sua estratégia. Vamos tentar descrever brevemente esses desafios.

As novas tecnologias digitais trazem duas conseqüências principais para as empresas. Primeiramente elas favoreceram a criação de novas atividades econômicas em dois setores principais: o setor das indústrias de infra-estruturas (materiais e redes de telecomunicações) e o das indústrias produtoras de aplicações e conteúdos (*softwares*, indústrias de serviços). Diversos tipos de atores podem então ser distinguidos: os produtores de infra-estruturas que fabricam materiais digitais (Dell, Cisco...), os produtores de aplicações que fornecem programas (Netscape, Microsoft...), os intermediários que fornecem serviços que aprimoram a eficiência dos sistemas (Yahoo, Google...) e os fornecedores que oferecem bens e serviços culturais ou não na Internet (Amazon.com, ...). A multimídia aos poucos obriga as indústrias do setor cultural a se tornarem indústrias da informação. Ora, as indústrias da informação possuem características específicas:

• Os dividendos são crescentes pois a parte de custos fixos é muito importante e a de custos variáveis tende a zero. Quanto mais importante for o volume produzido pela empresa, menor é o custo por unidade produzida (exemplo: o programa é muito caro para se elaborar, mas seu custo de reprodução para venda é quase igual ao do suporte virgem). Essa estrutura específica de custos vai favorecer o surgimento de empresas produtoras de grandes volumes. Os dividendos crescentes já eram uma característica das indústrias culturais (protótipo/duplicação industrial). A multimídia proporciona uma segunda oportunidade para elas, tanto pelo "fluxo contínuo" dos pedidos quanto pela desmaterialização (*downloads* pagos) que permite contornar o problema do suporte físico.

• Os custos de "mudança" são altos e aumentam os riscos de bloqueio. É o caso, por exemplo, da passagem do disco de vinil ao CD digital. Esse bloqueio nunca é absoluto, mas restringe consideravelmente as opções estratégicas das empresas. A Sony comprou a CBS Music no final dos anos 1980 para possuir uma empresa de "conteúdos" que lhe permitiria impor mais facilmente seus próprios padrões técnicos.

Com a chegada maciça das tecnologias digitais, as regras de concorrência parecem ter mudado. Já não basta aos produtores de conteúdos se posicionar em relação aos competidores, fornecedores e clientes. Sua estratégia passa a ter de integrar "complementadores" (materiais e serviços complementares), na medida em que também há concorrência para os materiais, a fim de estabelecer um padrão e dominar o mercado.

• Nessas novas configurações está em jogo aquilo que chamamos de "efeitos de rede". Os consumidores percebem ganhos uma vez que utilizam os sistemas ou formatos mais padronizados do mercado; ocorre, aqui, uma espécie de efeito-cascata segundo o qual, quanto mais aumenta a base instalada, maior é a probabilidade de que um novo consumidor adote o produto. Trata-se de um efeito de "retroação positiva" que impele com ainda mais força o crescimento da empresa, até atingir o tamanho crítico que lhe permite dominar o mercado. O crescimento externo (compras, fusões) então é retomado, a não ser que a empresa escolha a via da cooperação. A cooperação foi escolhida pela Sony e a Philips a respeito do padrão do DVD e nessa estratégia elas se juntaram a um de seus concorrentes (Toshiba) e fornecedores de conteúdos (Time Warner, ...) para garantir seu sucesso. A via da fusão-aquisição pode ser escolhida, o que permite às empresas adquirir ativos rapidamente e então chegar mais rápido ao tamanho crítico, como mostra a fusão entre AOL e Time Warner.

57

Todas essas características naturalmente influenciam a organização das empresas. A presença simultânea de dividendos crescentes e efeitos de rede vai favorecer o surgimento de empresas de grande porte. Os custos das mudanças tecnológicas e a obrigação de manter um tamanho crítico devem favorecer alianças.

Uma vez que as indústrias culturais, sob o efeito do desenvolvimento de novas tecnologias, tornaram-se indústrias em que o dividendo crescente ficou mais importante do que anteriormente, compreende-se melhor por que a questão da propriedade intelectual e artística e sua forma jurídica (isto é, o custo do protótipo inicial para a empresa) já majoritária tornou-se uma questão de importância econômica crucial em que o debate direito autoral/*copyright* encontrou sua razão de ser.

No cerne dos problemas atuais: a questão dos direitos autorais

A questão da propriedade intelectual é um problema amplo que envolve desde a criação de um *software* até a de uma molécula farmacêutica ou mesmo um novo modelo de motor: essas inovações, essas criações do espírito, são protegidas pelo fenômeno das patentes. A propriedade artística, então, é um subconjunto dessa questão, aplicado às áreas específicas da arte e da cultura.

Sem a criação, não haveria indústrias culturais, aliás tampouco haveria as atividades culturais clássicas. O problema da remuneração dos artistas e autores é então um problema central para todo o processo da economia cultural, pois é graças a essa remuneração que eles podem sobreviver e dedicar-se à realização de seus atos criadores. Para as empresas, o exercício dessa remuneração é um gasto, para os artistas é um direito, para as sociedades como um todo trata-se de uma questão essencial do debate democrático, que exige a livre circulação de idéias e de obras do espírito. Como se pode ver, a questão da propriedade artística é um desafio ao mesmo tempo privado e coletivo, tanto uma questão jurídica quanto econômica.

A. Os dois modelos de propriedade artística

O exercício do direito de propriedade artística de fato é determinado por lei em diversos países, o que faz com que os debates a respeito de estruturas jurídicas vigentes por vezes dissimule interesses econômicos escusos. Porém, e isso mostra claramente até que ponto o setor cultural pode ter o seu valor negligenciado, diversos países continuam sem se preocupar com a proteção artística. Sobre o cinema, Victor-Hugo Rascon Banda afirmou, durante uma intervenção em 2004: "De 202 países produtores de filmes no mundo, somente 60 possuem um marco regulatório ou uma estrutura oficial para esse setor. Uma investigação realizada pela Unesco revela que os parâmetros relativos à proteção nacional do direito autoral e a conservação física dos bens audiovisuais e cinematográficos obtiveram a menor quantidade de respostas afirmativas, o que é lamentável".

Tradicionalmente se distinguem duas escolas "filosóficas" de tratamento da propriedade intelectual e artística: o modelo francês (chamado de "direito autoral") e o modelo anglo-saxão (chamado de *copyright*). Essas duas escolas produziram estruturas jurídicas.

O modelo francês repousa sobre dois textos de leis fundamentais, a lei de 11 de março de 1957 sobre a "propriedade intelectual e artística" e a de 3 de julho de 1985, que foram unificadas em 1992 num *corpus* intitulado "Código da propriedade intelectual", em que os textos sobre a cultura seguem os da propriedade industrial.

Segundo esse modelo, pode-se dizer que a noção de autor na acepção comum (escritores, tradutores, jornalistas, repórteres, dramaturgos, roteiristas, cineastas, letristas e compositores...) foi estendida ao conjunto dos criadores (pintores e escultores, desenhistas, ilustradores, fotógrafos...); em termos jurídicos, todas essas pessoas podem fazer valer o seu direito autoral. Por fim, esse modelo reconheceu em 1985 "direitos correlatos" aos direitos autorais para os "auxiliares de criação" como os intérpretes, mas também produtores de fonogramas e de vídeos, bem como para os produtores de comunicação audiovisual. Essa mesma lei definiu o estatuto das sociedades de arrecadação e de compartilhamento de direitos (SPRD, **sigla francesa**) e determinou uma remuneração por "cópia privada" com a intenção de contrabalançar os fenômenos de pirataria de fonogramas e vídeos.

Esse modelo então é uma estrutura razoavelmente equilibrada, construída em torno do "pilar" central do direito autoral, concebido tanto como um direito moral quanto como um direito econômico (patrimonial) inalienável. Por essa perspectiva, o direito moral à integralidade de suas obras é tão importante para um artista e para a cultura quanto o exercício dos seus direitos econômicos por parte dele ou dos futuros detentores de direitos (herdeiros). Segundo esse modelo, o direito moral não tem limitação no tempo, enquanto os direitos patrimoniais "caem" em domínio público depois de 70 anos.

O sistema de *copyright*, ao contrário do modelo francês voltado para o artista, volta-se a princípio para os produtores, com os quais os artistas se vinculam por contratos. A existência do direito moral é fraca nesse contexto. A lei americana de 1 de dezembro de 1990 concedeu direitos morais em escala nacional aos artistas plásticos (belas-artes) mas cuidadosamente afastou todas as produções culturais de massa como a literatura, a música e o cinema. Outra diferença, o *copyright* exige uma contribuição, como as patentes. Ora, em matéria de patentes, a proteção não é automática, há um julgamento daquilo que é patenteado, enquanto a proteção pelo direito autoral se aplica naturalmente e sem necessidade de qualquer contribuição a todas as obras executadas sobre os suportes reconhecidos pela lei.

Por fim, a diferença fundamental reside no fato de que segundo o modelo francês (mas também na Alemanha e na Bélgica, por exemplo), o direito autoral está ligado a uma **pessoa física** (o autor ou seus herdeiros) enquanto que, segundo o modelo anglo-saxão do *copyright*, o direito está muito mais ligado ao produtor ou ao editor (**pessoa jurídica**).

Como escreveu recentemente um jurista: "**O direito autoral francês é uma propriedade intelectual engendrada pelo ato criativo. O *copyright* americano é um monopólio legal concedido a um investidor para que ele prospere a salvo da concorrência.**" (P. Gaudrat, 2006).

Victor-Hugo Rascon Banda (2004) está coberto de razão ao escrever que: "O *copyright* anglo-saxão considera os direitos autorais como uma mercadoria que se pode alienar indefinidamente, como qualquer produto, e a maioria de seus princípios protege o produtor ou empresário, não o criador".

Os problemas começam quando países com estruturas jurídicas diferentes realizam contratos entre si. É exatamente isso o que acontece no contexto da globalização, com os acordos de intercâmbio que os Estados Unidos estabelecem com outro países, acordos nos quais a porta com freqüência fica aberta para o *copyright* anglo-saxão se não se atenta para o fato, ou se a cultura e as indústrias culturais não definem com precisão o objeto das negociações. Ainda Victor-Hugo Rascon Banda, a respeito da ALENA:

"No México, desde a assinatura do Tratado de Livre Comércio (TLC) com Canadá e Estados Unidos, em que se incluiu um capítulo sobre propriedade intelectual, foram reformadas várias leis para que se adequassem ao sistema legal norte-americano, entre elas a Lei Federal do Direito de Autor, que incluiu alguns princípios do *copyright* anglo-saxão que rompem com o sistema do direito autoral originado na França e vigente nos países ibéricos das Américas.

"Enquanto o Canadá fez uma reserva em matéria de cultura para que não fosse incluída no TLC, o México não fez o mesmo e as indústrias culturais estão incluídas no capítulo mencionado. Os países da América deverão, seguindo o exemplo de França e Canadá, e chegado o momento das negociações do Acordo de Livre Comércio das Américas, fazer a reserva correspondente. (...)

"O *copyright* no México é como a umidade que vai penetrando nossas legislações relacionadas com as indústrias culturais, sem que haja uma oposição que a detenha".

Nas indústrias culturais, assim como em toda associação necessária, os interesses e as estratégias das diferentes partes podem ser ligados sem que sejam de natureza idêntica ou sem que sejam absolutamente sempre convergentes. Criação artística e progresso industrial têm, portanto, algo em comum, mas entre os parceiros existe realmente esse conflito potencial do interesse pela propriedade artística e seu usufruto. Parece ser esse conflito o que está na origem do debate entre esses dois modelos, *direito autoral/ copyright*. É também esse conflito que está em ação *no* interior de cada modelo, como comprovam os recentes recursos que algumas celebridades, ainda que muito bem integradas ao sistema de estrelato, moveram contra os contratos que as vinculavam a algumas gigantes da indústria fonográfica, particularmente.

Também é por meio desse conflito que se pode compreender melhor os debates que se desenrolam acerca da arrecadação e da gestão dos direitos. Nos sistemas de direito autoral, os artistas têm preferido em geral se organizar **coletivamente** em sociedades ou em espécies de cooperativas para defender, arrecadar e redistribuir os produtos financeiros dos seus direitos; com muita freqüência, essas empresas coletivas, além das críticas de falta de transparência ou malversação que por vezes são dirigidas a elas, consomem parte dos recursos financeiros que elas administram antes da redistribuição aos artistas na estrutura de estratégias de fomento à criação.

O sistema de *copyright*, ao contrário, orienta-se quase que naturalmente para uma gestão **privada** dos fluxos financeiros por parte dos produtores e não parece lógico que as "*majors*", como toda grande empresa privada, possam deixar de aprimorar seus balancetes por meio de produtos financeiros mais aptos a remunerar melhor seus acionistas para ajudar os jovens criadores ou os artistas cujos projetos merecem uma mãozinha. Essa questão não é menos importante e ela diz respeito a todas as comunidades artísticas de todos os países: ou eles se organizam ou "nós" organizaremos para eles.

B. A pirataria, a cópia privada: o mesmo combate?

Há alguns anos, porém, um outro problema passou a interferir na problemática da propriedade artística e da remuneração do direito autoral: o da **pirataria**.

De fato, há alguns anos, as indústrias do setor (sobretudo as da indústria musical) acusam os fenômenos da pirataria como causas principais da redução das vendas e arvoram-se em grandes defensoras tradicionais da propriedade artística e de criação, exigindo a ferro e fogo medidas cada vez mais repressivas contra os piratas. Suas acusações quase sempre fazem eco, em certas sociedades de gestão coletiva de direitos, sobretudo as das *estrelas*, que também vêem naquilo que chamam de pirataria a fonte de todos os males para os seus associados.

Essa questão deve ser tratada, porém, com um pouco mais de parcimônia do que parecem crer os adeptos ferozes de uma propriedade inviolável, e ao contrário de certas afirmações, "os piratas" não são todos equivalentes, nem no impacto econômico nem em significações sociais.

A economia clássica tratou dessas questões particularmente com a teoria do "passageiro clandestino", mas como veremos a seguir, elas se tornaram consideravelmente mais amplas e complexas com o advento das tecnologias digitais.

Conviria antes de tudo distinguir aquilo que se poderia chamar de "pirataria em bando organizado", e com explícitos fins lucrativos, das "cópias" privadas que o cidadão comum sempre pôde produzir com um gravador ou uma copiadora. O primeiro tipo descreve realmente uma situação mafiosa instaurada por grandes grupos criminosos que atentam contra todas as regras sem nenhuma preocupação, pelo que lhes concerne, com a remuneração ou com a vida artística e cultural. Esse tipo de atividades nocivas assimila-se a uma **pura ação predatória** do trabalho, tanto dos autores quanto dos industriais, e visa apenas acumular lucros empregando todos os meios, inclusive a violência.

Se essa pirataria não se encontra em toda parte, ela está muito desenvolvida nas zonas em desenvolvimento (a Ásia é um continente onde a contravenção atingiu um nível industrial; sabe-se que a China, por exemplo, ao se equipar com grandes unidades industriais de prensagem de produtos digitais pôde participar, sem dúvida involuntariamente, do desenvolvimento da pirataria em grande escala) ou então em zonas onde a desagregação estatal engendrou uma espécie de caos temporário (países da antiga URSS). A América Latina, sobretudo o México, conhecem bem esse problema, e Victor-Hugo Rascon o formula de modo muito esclarecedor:

"Um dos inimigos das indústrias culturais, além da pirataria digital, é a pirataria nos mercados públicos. (...) Não se trata da pirataria de mercados ambulantes, onde o volume de venda é pequeno, mas do mercado negro que é a fachada visível de organizações com grande poder econômico e político, que não relutam em recorrer à violência ou empregar recursos fora-da-lei. Contam com laboratórios, armazéns e redes de vendedores, e formam grupos ou bandos organizados.

"Este mercado negro afeta principalmente a música, o cinema e o vídeo. Antigamente o mercado era da fita cassete e do videocassete, agora se constitui de CD e DVD.

"Calcula-se que de cada dez discos que circulam, seis são piratas. Por incrível que pareça, os discos de cantores famosos começam a ser vendidos antes de que se conclua sua produção. O mesmo acontece quando alguns filmes chegam ao mercado antes de sua produção final."

Esse tipo de delinqüência altamente organizada também pode ser notado em setores como o tráfico ilícito de obras de arte, segmento mafioso muito próspero em países desenvolvidos, mas que se dirige a um número muito reduzido de compradores potenciais. Também ali se encontram todos os ingredientes do grande banditismo estruturado num verdadeiro "filão" paralelo.

É evidente que em todos esses casos de pirataria ou de delitos que provêm da grande criminalidade não se trata de lançar mão de argumentos de convicção ou de razão para defender os delinqüentes: somente uma ação dos Estados, por meio da constituição de polícias especializadas e da coordenação internacional dos seus esforços, é capaz de intimidar e de reduzir a profusão desse tipo de atividades delituosas.

É igualmente claro que a própria possibilidade da existência de redes mafiosas no setor das indústrias culturais de mercado de massa (música) reside no nível de desenvolvimento de certos países e nos bolsões de pobreza e de carência de educação que neles subsistem: para muita gente nesses países, os preços públicos dos produtos legais ainda constituem barreiras de acesso. A via repressiva permanece sendo a única possível enquanto essas questões não forem resolvidas. "A principal dificuldade de se fomentar e integrar as indústrias culturais de nossa região reside no nível econômico de desenvolvimento de nossos países. Uma indústria cultural, independentemente da criatividade e do talento de seus autores, somente floresce em mercados econômicos com poder aquisitivo." (V-H Rascon Banda, 2004).

A **cópia privada**, por outro lado, é essencialmente um problema dos países ricos. Portanto, para se tornar uma questão econômica, ela pressupõe uma base instalada suficiente em termos de materiais de leitura e gravação para que se torne um elemento do debate. Esse problema adquiriu uma dimensão mais ampla com a generalização das tecnologias digitais e o equipamento de ponta para acessos de banda larga na Internet. Para um termo de comparação que permita avaliar melhor a escala dos problemas, estima-se em 11 milhões o número de internautas na França (numa população de 60 milhões de habitantes) enquanto o México conta com pouco mais de 2 milhões de internautas para uma população de mais de 100 milhões de habitantes.

A cópia privada foi rapidamente prevista no direito, pois ela representa um fator de equilíbrio entre o monopólio privado (o direito do artista) instituído por lei e o bem-estar coletivo, quando ela não toma a forma de uma ação predatória como a pirataria em grande escala, mas contribui para a circulação das idéias e para a fruição privada das obras sem fins lucrativos. A mesma idéia está na base do *fair use*, termo empregado para designar o uso gratuito de obras ou trechos de obras para um uso pedagógico (ensino) ou para os procedimentos de pesquisa (citações, por exemplo). Na base da cópia privada e do *fair use* estão evidentemente as características típicas dos bens culturais (não exclusivos, não rivais), bem como essa idéia de que a própria elaboração do direito de autor como monopólio do criador tenha sido objeto de uma "transação" entre interesses privados e interesses coletivos.

Rapidamente, muitos países ajustaram a questão das perdas de receita para a criação artística por meio da instituição de taxas pecuniárias pela cópia privada sobre suportes virgens de gravação: a Alemanha o fez em 1965, a França em 1985; a partir de 1992, Grécia, Bélgica, Espanha e outros se juntaram a elas, depois Áustria e Suíça. Estados Unidos (com restrições que comentaremos adiante) e Japão também possuem sistemas de remuneração pela cópia privada.

Certamente os primeiros sistemas foram concebidos para o livro e a taxa foi estipulada a partir dos materiais de reprografia em 3% do valor de mercado, com variações nacionais na redistribuição do produto dessas taxas. É claro que atualmente, com o advento do digital, a taxa sobre fotocópias continua a alimentar a criação no domínio do livro, mas é sobretudo a taxa sobre suportes digitais virgens que, nos países onde a tecnologia de ponta é forte, representa somas consideráveis: na França, essa taxa arrecada entre 160 e 190 milhões de euros, o que equivale a cerca de US$ 200 milhões. Redistribuída aos artistas, ela contribui bastante para o reequilíbrio dos direitos privados do artista sobre sua concepção e direitos coletivos concernentes ao livre acesso à cultura.

Falando economicamente, a cópia privada não é mau negócio para os produtores, longe disso, e por várias razões. Antes de tudo porque as gigantes

(Sony-BMD, por exemplo) pertencem a grupos mais vastos que produzem os suportes necessários à cópia privada; depois porque as gigantes costumam integrar no preço de seus produtos aquilo que estimam ser "perdas de receita"; além disso porque os fenômenos de cópias privadas ajudam a consolidar os hábitos de consumo e a difusão do produto original ao provocar um "efeito-rede", ou seja, um aumento da base instalada; por fim porque a cópia privada aumenta as probabilidades de consumos futuros.

Dessa forma, esse ou aquele indivíduo vai começar copiando um disco, depois vai comprar outros do mesmo estilo musical, depois vai evoluir para outros estilos... etc. Quanto mais forte for a intensidade de suas práticas culturais e mais vastos os seus campos, tanto mais ele será suscetível de se tornar um consumidor "pagante" de produtos culturais.

A posição dos agentes industriais, aliás, não é a mesma em termos "oficiais", caso se situem na fração oligopolista das empresas do mercado ou entre as empresas independentes. Atualmente, as posições das gigantes e das empresas independentes divergem fortemente a respeito das novas questões levantadas pelas possibilidades técnicas de reprodução e de troca no interior da Internet. *Downloads* e *"Peer-to-Peer"* (P2P) tornaram-se o centro da nova polêmica sobre a pirataria.

C. O *download* e o P2P, eis o inimigo?

O direito de reprodução é a própria base do exercício do direito autoral e dos direitos correlatos: por causa dele, um detentor do direito pode impedir ou permitir que qualquer pessoa reproduza a obra ou a concessão protegida. Num ambiente tecnológico em que se utilizam suportes físicos e em que as técnicas de reprodução estão nas mãos de profissionais, é fácil exercer esse direito. Fica mais difícil com suportes digitais, ainda que materialmente físicos (CDs virgens), e muito mais difícil quando o suporte está totalmente desmaterializado, como atualmente, em forma de **arquivos digitais** que passam pelas memórias dos computadores onde são momentaneamente armazenados para circular pela rede mundial.

A desmaterialização dos suportes faz da reprodução e da representação das obras um e mesmo ato, sobretudo na área da música.

Há alguns anos, acompanhando a curva da base instalada de microcomputadores conectados em banda larga à Internet, a grande indústria fonográfica tem usado a intensidade dos *downloads* (praticados sobretudo pelo público jovem) e dos compartilhamentos de arquivos como pretexto para denunciá-los como uma das causas principais (e mesmo a causa principal) do mau comportamento do mercado fonográfico.

A demanda por medidas repressivas cada vez mais vigorosas tornou-se uma das reivindicações principais das grandes indústrias nos países desenvolvidos, considerando o comportamento dos internautas, a grande maioria deles, exatamente equivalente às práticas mafiosas em bandos organizados existentes nos países emergentes. Para conseguir apoio às reivindicações de repressão, as gigantes exerceram um *lobby* implacável tanto nos Estados Unidos quanto na União Européia, com base nos esquemas clássicos da economia que contribuem para inibir as práticas corriqueiras de "passageiros clandestinos".

O mais conhecido desses esquemas clássicos consiste em colocar o consumidor diante de um dilema entre o preço a pagar por um produto legal e o preço a pagar por sua fraude potencial caso ele seja descoberto.

X = montante da penalidade em caso de fraude	P = preço da compra legal do produto	Escolha do consumidor
X = 0	P = 10	X<P: fazer o *download* gratuitamente, pois a possibilidade de sanção é nula
X = 5	P = 10	X<P: fazer o *download* gratuitamente, pois o risco de fraude expõe a uma penalidade inferior (5) ao preço da compra (10)
X = 5	P = 2	X>P: pagar pelo bem, pois o pagamento é razoável e mantém a salvo de qualquer sanção

(Segundo X. Greffe, 2006.)

Ao pedir punições exemplares contra os *downloads* e os internautas "indelicados", a indústria musical, representada pelas gigantes, simplesmente retomaram esse esquema clássico, fundado na economia clássica, pressupondo um consumidor "absolutamente calculista", encurralado por seus interesses financeiros e reagindo fundamentalmente por medo da polícia.

Caracteristicamente, essa atitude riscava do mapa todo o conjunto de evoluções sociais desde o surgimento dos mercados de massa, decididamente ignorava o desenvolvimento das práticas culturais das jovens gerações, sob o risco de criminalizar toda uma população, e regressava a uma concepção selvagem de propriedade mais adequada ao século XIX do que às exigências de uma reflexão que considere os interesses da criação, as evoluções socioculturais e o desenvolvimento da cultura propriamente dita.

Sempre com base no cálculo de perdas de receita, a indústria musical, por exemplo, vê no *download* e no P2P a **única causa** dos problemas do mercado de CDs, mas não considera, entre outras, a questão dos preços que ela determina para os produtos difundidos, cuja estrutura de custos permanece obscura (fala-se em 15% para o criador no preço de um CD); além disso, ela faz do *download* uma prática de substituição perfeita ao ato da compra, o que ainda seria preciso comprovar para dirimir as grandes dúvidas que pairam sobre as perdas de receita em questão; por fim, ela ignora solenemente os resultados de investigações sociológicas das práticas e dos consumos, que tendem a demonstrar que não só as práticas de *downloads* não podem ser a origem única das baixas vendas, mas também que os praticantes de *downloads* e de P2P em geral aumentam suas compras de CDs de música e de DVDs, e que esse aumento faz mais do que compensar os comportamentos de internautas que reconhecem ter diminuído suas compras de produtos culturais.

O mais grave nisso tudo é que essa estratégia de cegueira (voluntária) circunscreve a solução do problema ao espaço da pura repressão e dinamita as possibilidades de cópia privada, sem que as questões tenham sido verdadeiramente formuladas em suas dimensões mais complexas. Se não prestarmos atenção, a reflexão sobre o desenvolvimento cultural na era das novas tecnologias corre o risco de adquirir não um sentido libertário, mas, muito pelo contrário, um sentido policial e regressivo, o que seria o pior dos mundos.

De fato, veremos mais precisamente na segunda parte desse livro que a atitude rígida das gigantes da indústria a respeito do *download* qualificado como "pirataria" tem a intenção de ocupar o terreno para modificar a legislação dos países no sentido de garantir seus interesses financeiros e de promover o *copyright* em detrimento do direito autoral.

Isso explica por que as empresas independentes do oligopólio não têm absolutamente a mesma posição das gigantes e por que muitos artistas são favoráveis ao P2P e ao *download*: os que são do nicho "criativo" são os que compreendem melhor o formidável vetor de difusão que a Web representa, um vetor que evita que eles passem pelas forças caudinas[1] de uma distribuição concentrada nas mãos das gigantes.

Aqui se unificam os desafios da criação, da difusão social da cultura e da diversidade das expressões culturais.

---

[1] "Passar pelas forças caudinas" é uma expressão que significa "sofrer a humilhação da lei do mais forte". Essa expressão vem da Roma Antiga a propósito de uma derrota particularmente humilhante do exército romano: os vencedores fizeram com que o exército vencido desfilasse "sob as forças caudinas" em sinal de escárnio. (N.A.)

Segunda Parte

CULTURA E DESENVOLVIMENTO: COMO A CULTURA CONTRIBUI PARA A ECONOMIA

As políticas públicas da cultura, assim como o surgimento em massa de indústrias culturais, são fenômenos recentes e por assim dizer concomitantes. É possível que essa coincidência não seja fortuita, mas ligada a movimentos profundos que determinam esses dois acontecimentos e dão a cada um na sua esfera específica a sua importância e as suas relações difíceis porém necessárias.

Diversos elementos da situação atual nos parecem dignos de ser imediatamente mencionados e destacados nessa perspectiva. Eles se referem tanto ao que se pode chamar de "contexto" de nossa reflexão quanto à "lógica" dos objetos analisados e suas interdependências.

O *primeiro* reside na formação, ao longo do século XIX, de práticas e de consumos culturais de **massa**. Esse novo modelo, profundamente ligado à rápida evolução da industrialização dos bens culturais, passou a competir com o modelo **elitista** dos *"happy few"* e, sem eliminá-lo, tornou-se, de modo inexorável, o modelo dominante. Esses consumos de massa também englobam os setores ditos "tradicionais" da economia cultural (patrimônios, museus, espetáculos). O desenvolvimento dos museus em toda parte no mundo é prova disso, assim como o interesse pelo patrimônio em geral.

O *segundo* provém do surgimento e da evolução de um interesse global dos Estados e das coletividades públicas pelo setor cultural como fenômeno de massa tanto sociológico quanto econômico. Esse interesse manifesta-se em **políticas públicas** (orientações, normas e estratégias), em **administrações especializadas** (tanto no nível estatal quanto descentralizado), em **alocações de recursos dirigidos** (os orçamentos culturais públicos), assim como no surgimento de numerosas **instituições** financiadas por dinheiro público e de um mundo muito diversificado de **profissionais** da cultura.

Conseqüentemente, a atenção das autoridades, dos cidadãos e de seus representantes, foi desenvolvida em duas direções clássicas no contexto das democracias: por um lado, **o debate público interno** sobre a alocação dos recursos, o valor deles e seu significado, por outro, **a competição exterior com os outros Estados pelas questões de mercados e de comércio**. Essa segunda direção, como vimos, é inseparável dos dilemas e debates que movimentam atualmente todas as reflexões sobre **a globalização e a diversidade das expressões culturais**.

Esses dois elementos (competição dos modelos culturais, debates internos e competição exterior) contribuíram intensamente para o aumento do **valor simbólico** das práticas e do desenvolvimento culturais e do valor das lutas pela "defesa e ilustração" das diferentes culturas nacionais.

O *terceiro* elemento provém da transformação das economias modernas cuja competitividade atualmente em grande parte é **fundada na inovação**. Essa mutação integra, por um lado, a cultura e suas atividades como um dos fatores essenciais da **formação de forças produtivas adaptadas** à economia atual e, por outro, promove ainda mais seu caráter de desafio e seu valor simbólico. A economia moderna, com efeito, caracteriza-se ao mesmo tempo pela importância adquirida pela **informação** como recurso fundamental e pela renovação das próprias problemáticas econômicas. O que se chama atualmente de **economia do conhecimento**, como veremos, torna a pôr em xeque as categorias clássicas das doutrinas econômicas convencionais e contribui para **situar a cultura e seus modelos no núcleo duro das atividades essenciais para o desenvolvimento**.

1. Qual é o "peso" da cultura? Qual é a eficácia dos gastos?

Ao se interrogar acerca das dimensões econômicas da cultura, a primeira questão que surge é sobre o peso em termos econômicos das atividades culturais, seu "impacto" no espaço econômico, em duas dimensões principais: emprego e receita.

Na França, em 2002, o consumo cultural doméstico em bens e serviços culturais era de 38,150 bilhões de euros, o que equivale a 4,6% do consumo doméstico total.

O conjunto da receita das atividades culturais, segundo seus financiamentos, chegava a 62,503 bilhões de euros, ou 4% do PIB. No interior desse volume global de receita, as respectivas partes dos diferentes atores do financiamento se dividiam da seguinte forma (em ordem decrescente): famílias: 61%; coletividades públicas: 24,3% (dos quais 16,9% do Estado e 7,4% de coletividades regionais); empresas: 14,7% (dos quais 0,3% em mecenato e 14,4% em gastos com publicidade).

Por sua vez, o emprego cultural global representava 434.000 empregos "equivalente período integral" (ETP, **sigla francesa**), ou 2,10% da população economicamente ativa e um volume de empregos equivalente ao do comércio de automóveis.

Na Europa, desde 1993, uma nota da Presidência da Comissão Européia indicava que logo "a cultura iria representar de 3 a 5% do PIB dos países europeus". Em 1998, uma compilação dos trabalhos existentes acerca do emprego cultural na Europa permitiu à Comissão afirmar que o volume dos empregos culturais dentro de um determinado conjunto regional chegava à cifra de 3,5 milhões de empregos "equivalente período integral" (ETP), ou 2,2% de toda a população economicamente ativa (as porcentagens variam entre 0,8% e 3,1% de país para país, com uma média da ordem de 1,8%). Em 2004, ou seis anos mais tarde, e depois de árduos trabalhos de coordenação estatística realizados conjuntamente por 15 países sob a égide do Eurostat, uma harmonização de nomenclaturas e métodos de pesquisa permitiu avaliar a média do emprego cultural em 2,56% da população economicamente ativa européia, com 3,9 milhões de empregos ETP e taxas de emprego cultural compreendidas entre 2% e 3% segundo cada país.

No México, o estudo realizado por Ernesto Piedras (2004) tentou proceder a uma primeira "pesagem" do setor cultural nesse país; esse estudo concentrou-se sobretudo nas indústrias culturais e acende luzes que, para além dos necessários debates metodológicos, permitiram uma formulação mais organizada da discussão sobre o valor da cultura. E. Piedras avalia esse peso em cerca de 5,7% do produto interno bruto (PIB) mexicano; como ele avalia o peso da pirataria "mafiosa" em mais de 2% do PIB, isso parece indicar que o peso econômico das atividades culturais aqui medidas representaria na verdade mais de 7% do PIB do Estado Federal do México.

A questão dos métodos nas abordagens econômicas do setor cultural não é uma exigência abstrata de especialistas pontuais preocupados apenas com o rigor estatístico: os números e as porcentagens são mais do que resultados de operações nesse caso, mais do que relatórios de computadores compilando milhões de dados. São a base do debate público sobre a cultura, ferramentas indispensáveis do diálogo democrático entre os atores da "decisão cultural" (autoridades, administradores, artistas, cidadãos...). Com isso, a pertinência deles e as hipóteses reunidas para construí-los são essenciais: elas devem constituir o objeto de uma elaboração comum, de uma explicitação legível e de uma justificação das escolhas que foram feitas. A definição estrita de "campo cultural" é aqui crucial para a credibilidade dos argumentos e para o valor do diálogo dos diferentes atores entre si. O simples fato de, por exemplo, definir o campo cultural de consumos como o de "cultura-lazer-educação" faria com que o consumo doméstico cultural da França passasse de 4% para 8%: não é errado fazer isso, desde que se diga por que foi feito, como foi feito, desde que se estabeleça a pertinência dessa escolha e que se comprove seu interesse para os diálogos internos e externos sobre a cultura.

O problema do "peso econômico" da cultura é então uma questão de convenção e de prudência. O mesmo vale para um conceito correlato que é o do "impacto" das atividades culturais sobre o desenvolvimento econômico. A vontade de produzir um número não pode ignorar que quanto mais se avança nesse domínio da noção de impacto direto para se aproximar das noções de impactos indiretos ou indutivos, mais numerosas se tornam as dificuldades de se isolar um impacto especificamente cultural. Demasiadamente mecanicista, a abordagem por impactos pode expor o flanco para muitos críticos e revelar-se pouco frutífera, ou mesmo de todo contraproducente, se ela acaba por sugerir a idéia de que a economia da cultura provém menos do estudo racional do que da **defesa em causa própria** e da pura legitimação.

É possível indicar aqui rapidamente algumas pistas alternativas para a reflexão econômica:

a. Destacar o papel de certos setores econômicos na medida em que eles servem de vetores privilegiados para as relações entre as atividades culturais e o conjunto da economia: é o caso do turismo, da restauração do patrimônio... Pode-se falar então de um verdadeiro "ramo do turismo cultural" ou de um "ramo do patrimônio" (o que abrange atividades de construção). Encontra-se ali o que se poderia chamar de "valor de atividade" das artes e da cultura, investigando as "marcas" da cultura e valorizando-as. Essa abordagem é arriscada, mas ocasiona uma salutar mudança de perspectiva na medida em que não se trata mais, no caso da cultura, de justificar os seus impactos econômicos, restando à economia discriminar o quanto ela deve à presença da cultura.

b. Perguntar-se acerca do papel dos grandes equipamentos estruturadores de atividades culturais, acerca da importância econômica e territorial da constituição de "pólos" de atração (alianças de equipamentos, de manifestações recorrentes — os festivais, por exemplo, de ramos profissionais, etc.) que constituem zonas identificáveis de excelência onde a integração das diversas atividades é forte, verdadeiros "distritos culturais".

c. Reinserir a cultura nos setores em crescimento pronunciado e/ou fortes criadores de empregos, no cerne do desenvolvimento econômico, à semelhança do papel reconhecido nesse aspecto aos setores investidos pelo NTIC, aos setores da informação e do conhecimento, da inovação e, de maneira mais ampla, da nova economia. Essas abordagens, com efeito, podem repousar sobre a natureza das produções culturais que, como produções de conteúdos, pertencem integralmente ao domínio da informação e do conhecimento em sentido amplo e contribuem necessariamente para a constituição de um capital humano (forças produtivas e fator trabalho) apto a sustentar uma competição internacional em que as capacidades de inovação se tornaram críticas.

Para além dos debates metodológicos, dos pressupostos que serão admitidos, das escolhas feitas para determinar os eixos prioritários da reflexão, é essencial nunca perder de vista que os resultados obtidos pelas abordagens econômicas da cultura serão contribuições determinantes para o valor e o nível do debate democrático geral sobre a cultura. Constituindo um dos pilares fundamentais em torno dos quais vai girar a reflexão dos parlamentares, das autoridades, dos artistas e dos cidadãos, elas representam uma base fundamental para formular questões essenciais para a aprovação e a implementação do esforço público no setor cultural: essa questão, central na luta democrática pelos recursos públicos, fundamental para o desenvolvimento contínuo de políticas culturais, é a da **eficácia do gasto com a cultura**.

Um exemplo de eficácia do gasto com a cultura: o caso da França

Diversos eixos de demonstração podem ser desenvolvidos aqui. Fique claro que os pontos que serão explicitados a seguir não são figuras teóricas, reflexões "de gabinete" sobre os melhores argumentos possíveis para se ilustrar a eficácia dos gastos públicos. São argumentos extraídos dos debates com o Ministério da Economia e das Finanças e que foram no passado objeto de aprovação no diálogo interministerial em geral.

Quatro temas principais podem ser definidos no que diz respeito à eficácia dos gastos com a cultura:

1) Os gastos com a cultura permitem valorizar a atração turística da cultura e do patrimônio

O desafio econômico da cultura está ligado em grande parte à sua capacidade de ser *transformada em turismo*. Isso vale particularmente para o patrimônio e para eventos como os festivais. A riqueza e a disseminação da oferta patrimonial e festiva no conjunto do território corresponde à expectativa do público, seja ele francês ou estrangeiro. Alguns números mostram isso com clareza:

• as manifestações e espaços culturais recebem por ano cerca de 300 milhões de visitas, das quais três quartos são turistas;
• as motivações culturais estão presentes na escolha de sua destinação para 51% dos turistas estrangeiros na França; é a motivação exclusiva de 15% deles. 25% dos turistas franceses declaram ser "consumidores intensivos de cultura" que escolhem esse patrimônio para suas férias.
• os visitantes de lugares e de manifestações culturais geram o que os profissionais do turismo chamam de "mais-valia cultural" pois, segundo o Observatório Nacional do Turismo, **eles gastam 30% a mais do que o turismo comum**.
• nesse contexto, o turismo cultural está na origem de 15% das despesas turísticas, ou 16 bilhões de euros. A ele se atribui também 200.000 empregos ETP dos quais três quartos diretamente ligados às atividades turísticas. Por exemplo, o valor bruto criado pelo turismo cultural em Paris foi avaliado em cerca de 3 bilhões de euros com um volume de 60.000 empregos ETP.

A atividade turística global na França tem um peso de cerca de 112 bilhões de euros; a cultura entra com um sétimo desse volume. Essa posição e essa valorização — sem falar aqui da imagem nem da fidelização de consumidores cada vez mais sensíveis à qualidade da oferta — somente são possíveis se contarem com patrimônios preservados, restaurados e valorizados. É uma primeira eficácia da despesa pública.

2) Os gastos com a cultura engendram uma série de conseqüências benéficas para a economia e o desenvolvimento local

A despesa cultural permite a existência e o funcionamento de numerosos eventos e manifestações culturais e assegura a perenidade das instituições culturais (museus, monumentos, espetáculos ao vivo...). Ora, todas essas atividades acarretam conseqüências econômicas de duas ordens principais:

a) Essas atividades culturais engendram impactos por sua inserção na economia local. Pode-se distinguir dois tipos de impactos:
• toda manifestação ou instituição gera um impacto direto segundo suas despesas e os salários que distribui. A economia local recolhe em geral uma parte muito importante desse total.

Enumeram-se assim quase 2.000 festivais cujo orçamento total seria de mais de 800 milhões de euros. Os 2.500 museus possuem, por sua vez, um orçamento de 1 bilhão de euros. Por fim, os 500 principais espaços e monumentos patrimoniais, que atraem cada um pelo menos 20.000 entradas por ano, possuem um orçamento de 650 milhões de euros.

• os públicos, no momento de seu comparecimento, fazem gastos essencialmente de alimentação e estadia, mas também de transportes, de serviços, etc. Esse impacto direto é particularmente desenvolvido no caso dos grandes festivais ou de instituições prestigiosas que atraem um público numeroso, que quase sempre vem de longe, quase sempre do exterior. Assim, o festival de Lorient provoca um impacto indireto de quase 10 milhões de euros, o de Aurillac também, o Festival de Avignon, 12 milhões de euros. O mesmo vale para as "Francofolies" de La Rochelle ou a "Primavera de Burgos".

• Impactos diretos e indiretos também ajudam a dinamizar a economia local pelas repercussões em cadeia de sua renda em termos de demanda e de remunerações.

Os diferentes impactos abrem caminho para o cálculo **de multiplicadores** que comprovam a capacidade que tem a cultura de fazer a economia local girar melhor, mas também a capacidade da economia local de tirar partido da vitalidade cultural. Para além da diversidade das situações locais, a relação entre o impacto total e o orçamento dos eventos e instituições consideradas varia **de 1,6 a 4,5**. Esses fluxos financeiros também correspondem a empregos consolidados e a importantes volumes de emprego.

b) As atividades culturais têm uma série de efeitos estruturais sobre o desenvolvimento local, efeitos reconhecidos pelos eleitos locais:

• efeito turístico que permite fidelizar, prolongar estadias na região e fazer evoluir a clientela;

• efeito de notoriedade da imagem. Certos festivais como Avoriaz, Deauville ou Cognac são "festivais para comunicar". É um efeito particularmente importante para as empresas em vias de implantação e almejado pelos territórios em situação econômica difícil e com a imagem degradada (é o que se pode ver por exemplo no **efeito do Museu Guggenheim de Bilbao**, que contribuiu consideravelmente para recolocar essa cidade do país basco espanhol nos mapas de rotas turísticas ou de paradas recomendáveis);

• efeito de identidade que mantém ou mesmo atrai uma população jovem e qualificada;

• efeito de deslocar o mecenato cultural para a população das empresas locais;

• efeito eventual de "filão" como em Angoulème (desenhos animados), Avignon (teatro), Limoges (francofonia).

3) O gasto com a cultura estabelece relações estreitas com a oferta privada e o consumo do mercado cultural

O consumo cultural doméstico cresce em média **1.400 euros por família**, um consumo global que estimamos em **38,150 bilhões de euros** (4,6% do consumo doméstico total). Se acumularmos esses gastos com os que são gerados especificamente pela cultura no setor turístico, chegamos a um volume global da ordem de **54 bilhões de euros** (38 bi + 16 bi).

Se compararmos esse volume de faturamento com o conjunto dos financiamentos concedidos pelas coletividades públicas, Estado, regiões, departamentos, comunas, em termos de orçamentos, mais de **15 bilhões de euros** em 2004, com certeza não podemos falar de um multiplicador de **3,7** — seria uma operação excessivamente bruta e metodologicamente incorreta — mas pelo menos podemos afirmar que o dinheiro da coletividade não foi gasto a fundo perdido (e ainda segundo essa apreciação, é difícil estimar o retorno para as finanças públicas em impostos diretos, taxas, etc., ou o impacto desses volumes sobre a formação profissional, por exemplo...). Podemos, assim, determinar diversos níveis que esclarecem a lógica do impacto dos gastos com a cultura sobre esses volumes de atividades:

a) o financiamento público é determinante para uma parte considerável da oferta cultural e portanto do consumo. Esse papel fica claro tanto pelos setores integralmente ou fortemente financiados (ópera, teatro público, espetáculo ao vivo em geral) quanto para aqueles onde esse financiamento representa apenas uma parte limitada do orçamento.

b) Os gastos públicos ajudam a consolidar a oferta e a demanda de mercado, por um lado apoiando a criação e por outro auxiliando as apostas mais arriscadas de tipo editorial sobre as produções mais exigentes.

c) Os gastos públicos desempenham um papel essencial para financiar e permitir a existência de numerosas atividades que diretamente não produzem bens e serviços culturais, mas que, apesar de sua falta de visibilidade, são essenciais para o bom funcionamento dos ramos culturais e para a renovação das produções: conservação, pesquisa, formação, animação, promoção coletiva...

d) O investimento na cultura também apóia o desenvolvimento das práticas culturais amadoras que lidam com financiamentos de cerca de 0,9 bilhão e que atuam em sinergia com comportamentos de forte consumo.

e) Os gastos com a cultura, por fim, sustentam — através da capacidade de produzir conteúdos multimídia — o desenvolvimento do equipamento doméstico de comunicação que tem evoluído muito intensamente há alguns anos: as provas estão no peso dos produtos culturais nos CD-ROMs e o lugar ocupado pelos produtos culturais no comércio eletrônico.

4) Os créditos do Ministério da Cultura exercem um efeito de alavanca sobre os gastos culturais das coletividades territoriais (regiões, Estados, municípios)

O montante e a evolução do orçamento do Ministério da Cultura exercem uma influência certeira sobre os gastos culturais das coletividades territoriais. Esse efeito resulta de numerosas parcerias constituídas em matéria de política cultural pública, sobretudo no contexto de dispositivos contratuais, convenções e outras redes de estruturas rotuladas (cenas nacionais, museus da França, etc.).

Generalizando, o ministério continua sendo um ponto de referência em termos de política pública, tanto do ponto de vista dos tipos de intervenção quanto pelo reconhecimento e legitimidade que suas decisões e ações atribuem aos atores culturais, aos diversos campos artísticos e aos setores culturais sustentados por ele. Nesse contexto, dois efeitos principais de alavanca são operados e merecem ser destacados:

a) **Um efeito de deslocamento** uma vez que as ações ou os realizadores de projetos que se beneficiam do apoio do Ministério conseguem obter através dele apoio das coletividades territoriais. Com eles ocorre um **efeito desencadeador**, um efeito de marca ou o simples agrupamento de seguidores. Esse efeito pode ser detectado, por exemplo, em grupos e companhias, espetáculos, exposições, festivais e dizem respeito sem dúvida mais particularmente ao setor da criação, em que as funções de perícia e o papel do conselho do Ministério são solicitados. O efeito de rede das estruturas rotuladas convencionadas funciona plenamente aqui.

b) **O efeito de exemplaridade** intervém uma vez que as ações das estruturas institucionais são sustentadas pelo Ministério da Cultura, sendo que as coletividades territoriais são convidadas a se comprometer com o mesmo tipo de procedimento, por imitação. Produz-se então uma reação em cadeia exemplificada pelo apoio às práticas amadoras. Esse efeito de exemplaridade é particularmente nítido no que concerne ao uso dos *fundos estruturais europeus* (FSE, **sigla francesa**), cujo investimento em projetos de escala regional é fortemente "orientado" pela posição do ministério.

Pode-se ver pelo conjunto desses argumentos que os gastos públicos com a cultura, desde que apoiados por uma organização pública que possua competência e estratégia, podem se tornar, mais do que ferramentas de uma política pública digna desse nome e a serviço do conjunto da coletividade nacional, **um fator central de desenvolvimento econômico positivo e rentável**, servir de referência para outros fatores públicos (caso da descentralização ou das estruturas federais), desempenhar um papel crucial no desenvolvimento das capacidades de criação, elemento indispensável para a diversidade cultural e seu dinamismo, elemento vital para o desenvolvimento das atividades artísticas clássicas e das indústrias culturais.

Os franceses dão o exemplo de consentir plenamente em gastar individualmente com a cultura, uma vez que dedicam a ela 4,6% do seu orçamento. Existe então uma margem de manobra considerável para o que eles aceitam dedicar à cultura coletivamente através de seus impostos transformados em gastos públicos culturais. Ainda assim, para que esse consenso perdure — e isso é essencial pois é o cerne do que chamamos de política pública — é preciso que as administrações da cultura sejam capazes de justificar o uso de dinheiro público e a eficácia dos gastos empenhados por meio de análises econômicas pertinentes e avaliações claras e plurais.

A mesma reflexão é, sem dúvida alguma, válida para um país como o México que, quatro vezes maior do que a França, possui um patrimônio importante, uma história muito longa e tradições culturais admiráveis. O exemplo da situação francesa não se pretende um modelo mecanicamente transferível, é apenas uma das maneiras possíveis de engajar o debate democrático sobre a cultura.

2. Patrimônio + turismo = desenvolvimento?

Enquanto tradicionalmente tentamos pensar o setor cultural como ativo econômico, a primeira idéia que surge em termos de rentabilidade e de impacto é medir suas incidências sobre o setor das atividades turísticas. Para muitas autoridades do setor cultural, trata-se de um argumento "robusto" que eles adoram utilizar nos debates em que o valor da cultura está em jogo. Como destacamos, as argumentações em termos de impactos são interessantes, mas seu alcance costuma ser limitado na medida em que elas ainda são fundadas numa **lógica quantitativa linear**, cuja força diminui a partir do momento em que nos afastamos dos impactos diretamente observáveis e quantificáveis. Quando entramos no domínio dos impactos ditos diretos e indutivos, a argumentação quase sempre perde muito de sua pertinência e de sua força. Os economistas então fazem bem ao lembrar aos atores da cultura que as coisas são um pouco mais complexas do que eles imaginam.

Consideremos estes exemplos, que ajudarão a explicar esse ponto.

Se eu digo que é possível definir um uso cultural dos computadores e fotocopiadoras, terei então o direito de metodologicamente considerar todas essas indústrias, e também as das redes, como cultura, assim como de somar ao emprego cultural todos esses empregos? Se digo que as atividades de preservação e de restauração dos monumentos patrimoniais têm um impacto sobre o setor de construção civil, tenho o direito de introduzir todo esse setor na economia da cultura? Isso significaria aplicar uma transitividade bastante abstrata e poderia facilmente destruir meu argumento. Logo se percebe a que perversões tal atitude pode levar: fazer do setor cultural uma espécie de "setor vale-tudo" em nome do fato de que a cultura "está em toda parte", produzir uma imagem pouco séria da argumentação econômica cultural e deteriorar ainda mais o necessário diálogo com os responsáveis pelos outros setores. É preciso proceder com mais prudência e a reflexão sobre as ligações entre cultura e turismo proporciona uma boa ilustração disso.

À primeira vista, pode-se compreender que o setor turístico aparece como uma espécie de *eldorado*. Segundo os números fornecidos pelo World Travel and Tourism Council (WTTC), as viagens a passeio ocuparam (em média, é claro) o terceiro lugar no orçamento doméstico, depois da alimentação e da moradia. O setor turístico representaria mais de 11% do PIB mundial e as "previsões" para 2008 chegam a mais de 22% desse PIB. O volume de faturamento é ainda mais eloquente: de 1.900 bilhões de dólares em 1987, o setor passou a 3.700 bilhões em 1998 e em 2008 deve atingir os 7.500 bilhões. **O ritmo de progressão seria então de uma duplicação a cada dois anos!** Em investimentos, estima-se em mais de 780 bilhões de dólares em 1987 e a previsão, sempre segundo o WTTC, é de um volume de 1.800 bilhões em 2010, o que representa um ritmo de progressão próximo do fator 3.

Em termos de empregos, a indústria do turismo ocuparia 10% da mão-de-obra mundial, ou mais de 230 milhões de pessoas mundo afora, com uma distribuição que foi avaliada globalmente da seguinte maneira: 21 milhões de assalariados na América do Norte, mais de 22 milhões na União Européia, 78 milhões no Nordeste Asiático, 34 milhões no Sudeste Asiático, 10 milhões na América Latina. Para 2008, está prevista a criação de 100 milhões de novos empregos. O retorno fiscal de um tal setor representaria nesse ano um total de 1.800 bilhões de dólares e compreende-se por que todo governo adoraria desenvolver essa *galinha dos ovos de ouro*, evitando toda interrupção nos ciclos de consumo mundial: sabemos a importância que teve para o México a reconstrução das zonas turísticas de Yucatán danificadas por ciclones no ano passado.

Em 1982, as viagens internacionais abarcaram 287 milhões de pessoas; 320 milhões em 1987, em 1996, 595 milhões, e o WTTC sugere um número que supera 1,6 bilhão de pessoas em 2020. Os provenientes do G8 (EUA, Rússia, Canadá, França, Itália, Alemanha, Japão, Grã-Bretanha) representam mais de 35% do turismo mundial.

A tabela abaixo permite recapitular esses dados principais, assim como as previsões:

	1987	1998	Previsões
Faturamento mundial	US$ 1.900 bilhões	US$ 3.700 bilhões	US$ 7.500 bilhões (2008)
Empregos no mundo		230 milhões	330 milhões (2008)
Viajantes	320 milhões	595 milhões	1,6 bilhão

Fonte (WTTC, 1998)

É evidente que a "corrida desenfreada" do turismo que esses números parecem indicar refere-se a uma multiplicidade de fatores. A diminuição do tempo de trabalho ao longo do século na classe trabalhadora contribuiu consideravelmente para o surgimento de um "tempo livre" que tem aumentado desde o século XIX e cresce com muito intensidade no XX; as diferentes conquistas sociais (férias remuneradas, por exemplo) tiveram um papel majoritário nessa explosão do lazer turístico, assim como outros fatores como o prolongamento do tempo de vida e o aumento do poder aquisitivo.

É claro que a cultura de um país tem um forte papel em seu poder de atração turística em geral, mas é difícil isolá-la como fator autônomo de poder de atração sem que se proceda a estudos muito precisos. Esses estudos em geral pecam pela profusão de argumentações grosseiras: a construção dessas observações é sem dúvida alguma uma das ações governamentais a se implementar para dar uma visibilidade real da importância dessas atividades culturais no setor do turismo.

Pode-se porém explicar essa importância por meio de observações sócio-históricas consensuais.

Até o século XIX, então, o turismo é uma atividade reservada aos mais ricos, aqueles que Veblen chamaria depois de "classe dos lazeres". Toda literatura mostra isso, assim como o conjunto de testemunhos dessa época. Pensemos nas viagens dos alemães e ingleses ricos para a Itália, país que polariza nessa época quase todos os desejos das classes cultivadas ou preocupadas em mostrar que o são. Assim, Byron, Chateaubriand, Stendhal, Mérimé farão a viagem à Itália e o "romantismo" começará a fazer das "pedras antigas", diante das quais certos *happy few* sonharão com os séculos passados e civilizações engolidas pelo tempo, a primeira expressão daquilo que hoje se chama de "patrimônio."

A partir do século XX, a conquista do tempo livre provoca um turismo mais difundido pelas classes trabalhadoras, mas antes de tudo é à descoberta de seu próprio país que partem esses novos turistas e ainda será quase sempre assim por muitos anos depois do segundo conflito mundial. Apenas lentamente, pela especialização paulatina dos interesses de viagem, as riquezas patrimoniais e, globalmente, a cultura dos diferentes destinos turísticos, começam a fazer parte do poder de atração exercido pelos países. Portanto, também globalmente, é o aprimoramento das relações com a cultura e o desejo que elas provocam o que pode explicar a incidência do fato cultural numa prática (o turismo) inicialmente dedicada ao relaxamento e à quebra de ritmos.

Em nossos dias, os números explicam que todos os governos dirigem uma extrema atenção a uma atividade que se tornou prática de massa (claro que com nuances para o que diz respeito aos bolsões de pobreza e analfabetismo), mas a relação do turismo de massa com o desenvolvimento durável não é assim tão simples.

Para dizer as coisas com certa brutalidade, pode-se sugerir que as antecipações muito otimistas do WTTC abstraem completamente toda a transformação dos contextos, enquanto estas se tornaram cruciais justamente porque o turismo é maciço. Se acontecer um atentado contra turistas em Luxor, todas as receitas do Egito se afundam. Se um ciclone devastar a península do Yucatán, as autoridades e a indústria turística do país serão acometidas de febre. Se um tsunâmi arrasar a Tailândia, eis um destino turístico riscado do mapa por pelo menos um ano; se cai um avião, se surge uma doença, de repente se afundam as previsões mais otimistas e as esperanças aparentemente mais bem fundamentadas.

A atividade turística de massa produz um corolário sinistro para a fragilidade de sua atração financeira *pois os pânicos são igualmente massivos*. Pode-se razoavelmente fundar uma perspectiva de desenvolvimento durável sob tais riscos? Sobretudo quando se sabe que, para os países emergentes, a grande maioria dos consumidores com poder aquisitivo se constitui de estrangeiros vindos de países do G8?

Além disso, foram feitos diversos debates sobre a riqueza real trazida pelo turismo de massa quando o país de destino não é senhor e possuidor de suas infra-estruturas turísticas, o que quase sempre acontece no caso dos países emergentes. Nessas condições, então, ainda que se desenvolva o emprego (o que já é alguma coisa), assistimos ao que se chama "efeito de fuga" (*leakage*) para designar o fato de que a maior parte das receitas do turismo saem do país onde elas são produzidas. A maior parte das companhias aéreas, das cadeias hoteleiras, dos clubes de férias, dos restaurantes, são filiais de empresas transnacionais cuja sede se situa nas capitais dos países do G8. O dinheiro gasto nos países emergentes não beneficia seus habitantes senão numa pequena parte, apesar dos enormes números entoados com orgulho, pois é reorientado para os países de onde vem a grande massa de visitantes. Segundo o WTTC, esse efeito de fuga seria insignificante e representaria apenas 10% das receitas. Segundo K. Lindberg e J. Enriquez (1994), porém, pode haver porcentagens que vão de 45% (Costa Rica) até 70% (Nepal); em média, segundo eles, 55% das receitas escapam dos países emergentes anfitriões.

É facilmente compreensível que essa lógica equivale a uma "pilhagem à distância" dos recursos naturais e culturais de um país, recursos que ele é obrigado a sustentar às custas da coletividade para manter pelo menos os empregos. Ainda se pode falar de desenvolvimento aqui? Os próprios empregos raramente são empregos altamente qualificados.

A indústria do turismo em seu estágio desenvolvido certamente gera empregos, mas em extrema fragmentação, associada a uma extrema divisão do trabalho: para os turistas é confortável, mas para os salários e o desenvolvimento geral de uma qualificação da mão-de-obra nos países emergentes, é preciso contar com gerações para encontrar efeitos positivos, pois o turismo na sua fase atual utiliza enormemente os não-qualificados que ele forma, em geral, em tarefas simples. Logo podemos nos dar conta de que o *eldorado* turístico não é um soberbo presente ao alcance da mão e que, dependendo das condições internas de um país, pode ser uma ilusão.

O que não é uma ilusão, porém, pois isso se constata *in loco*, são as destruições dos espaços naturais e culturais de um turismo de massa caracterizado pelo consumo a qualquer preço e a idéia pouco cultural de que a cultura é em si mesma um produto que se compra com uma passagem de avião do seu *tour operator*.

É uma experiência cruel que um bom número de países faz, tanto na Europa (sobretudo no sul) quanto na América Latina, na Ásia ou mesmo no norte da África (Magreb). A Itália, por exemplo, cujo patrimônio histórico e cultural é enorme, chegou à conclusão de que, em face das depredações do turismo de massa, a melhor proteção de suas riquezas patrimoniais seria por vezes *decidir não mostrá-las*, o que evidentemente constitui um paradoxo extraordinário. Os desgastes no sítio de Pompéia, por exemplo, são tais que se decidiu interromper as escavações para proteger o que ainda não foi descoberto. O desenvolvimento de uma cultura da cópia é um negócio excelente que já é comum no turismo de massa, mas nesse caso também se requer procedimentos adaptados ou então desistir da exploração e da valorização do patrimônio artístico e histórico.

A cultura da cópia já acontece nas "reconstituições" adaptadas ao turismo de massa acessível aos menos afortunados: dessa maneira o Club Med pretende ter reconstituído uma "autêntica vila mexicana" no sítio de Playa Blanca na costa do Pacífico, e os Estados Unidos há muito desenvolveram esse tipo de atrações culturais "artificiais".

Será que ainda veremos a autenticidade se tornar o apanágio exclusivo das classes privilegiadas? Observamos fenômenos desse tipo em certos países, chamado de turismo "de alto nível" ou de "qualidade" e que alia altos preços e autenticidade cultural e natural. Nisso também as questões levantadas pelo turismo de massa são mais complexas do que se poderia imaginar a partir de uma análise linear e abstratamente otimista.

Somente a coletividade pública pode se encarregar dos diferentes aspectos dessa questão na escala de um país, o que significa que o suposto tesouro do turismo também tem um custo cultural e estratégico que toda análise do desenvolvimento deve integrar.

Se o turismo e sua indústria mundial atual pretendem ser considerados como elementos do desenvolvimento durável pelos países emergentes, então eles devem provar que levam a este ou àquele país não apenas um bem-estar real em termos econômicos para seus habitantes, mas também um desenvolvimento cultural sustentável. Por ora, infelizmente, não se tem muita clareza em nenhuma dessas duas direções.

O modelo "difuso" do agroturismo: uma alternativa ao turismo de massa?

Os inconvenientes de um turismo de massa não datam de hoje. Eles já foram extensamente analisados, mas as alternativas não são simples, tampouco as dificuldades de sua implementação. Em vários países europeus, nos Estados Unidos e no Canadá, o agroturismo ou "turismo de fazenda" se desenvolveu como um meio de gerar uma renda complementar para os agricultores no contexto do recuo generalizado das atividades primárias. Apenas posteriormente esse tipo de atividade foi ao encontro de novos problemas revelados pelas preocupações ambientais, o problema da gestão do território, a preservação da paisagem e a retomada do interesse pelos produtos e tradições locais.

Além disso, essas novas atividades terciárias de serviços turísticos produziram novas reflexões sobre a valorização do patrimônio natural e cultural, seja ele material ou imaterial. A passagem de uma lógica do "objeto do patrimônio" a uma lógica de "rota patrimonial" (rota dos vinhos, rota dos castelos, rota das cidades romanas, etc.) permitiu construir circuitos turísticos que não se encontram em imensos complexos turísticos concentrados, mas numa nebulosa de "lugarzinhos".

No rastro do agroturismo (pousadas rurais) foram desenvolvidos as pousadas e quartos de hóspedes, situados quase sempre em pequenas cidades ou vilas.

A Comunidade Européia reconheceu a importância dessas estratégias de desenvolvimento turístico e concede a cada país a faculdade de adaptá-las aos contextos nacionais. Em diversos países, esse desenvolvimento tornou-se objeto de disposições legais (França, Itália, Espanha, Alemanha, etc.) visando favorecê-las (empréstimos facilitados para a reforma e reorganização dos espaços, isenções fiscais, estatuto da categoria, etc.).

Esse modelo "difuso" de turismo (por oposição ao modelo centralizado do turismo de massa) evidentemente requer tempo, formação, informação e estruturas promocionais (nacionais e regionais no mínimo), e uma verdadeira visão de política pública do turismo ligada à valorização de "territórios culturais".

Na França há mais de 63.000 pousadas rurais e mais de 31.000 quartos de hóspedes. O fenômeno das "*casas rurales*" está muito desenvolvido; na Espanha e na Itália conta com mais de 15.700 locais de agroturismo (dos quais 9.400 obtiveram apoio para reforma) cujo volume de faturamento médio é de 56.250 euros por ano e por local. Na Europa, esse destino próximo atrai cerca de 25% dos estrangeiros. A massa de reservas é feita pelos nacionais que, o que é notável, vão ao encontro de seu próprio país e de suas riquezas naturais.

3. Setor cultural e transformação econômica: crescimento endógeno e valor espiritual

Há dois anos, na França, o presidente da maior rede privada de televisão francesa fez uma declaração estarrecedora sobre a definição de seu ofício. Suas afirmações produziram uma espécie de tremor de terra generalizado na esfera intelectual e cultural, um cerrar de punhos repleto de indignação. Eis a frase proferida integralmente que fez tanto escândalo:

"No fundo, o trabalho da TF1 é ajudar a Coca-Cola, por exemplo, a vender seu produto. Ora, para que uma mensagem publicitária seja vista, é preciso que o cérebro do telespectador esteja disponível. Nossos programas têm a vocação de torná-lo disponível: isto é, diverti-lo, relaxá-lo, para prepará-lo entre uma e outra mensagem. O que nós vendemos para a Coca-Cola é o tempo de cérebro humano disponível."
(Patrick Le Lay, presidente da TF1, julho de 2004)

O que se pode pensar disso? O que pensar desses "cérebros disponíveis"? Devemos nos indignar, gritar contra a manipulação das *mass medias*, repelir com desagravo o cinismo mercantil de um responsável encarregado de um dos mais importantes canais de televisão do país? Sem dúvida... e depois? O que teremos aprendido? Que instrumentos suplementares de defesa da cultura teremos adquirido para transformar o real e combater a abobalhação publicitária, aquilo que consideramos como "inteligente", como representação de um valor autêntico? Oh! nenhum. Pelo contrário, confortados por nossas convicções espontâneas, estaremos ainda mais isolados, condenando como sempre a baixaria comercial das mídias e a frouxidão embrutecedora de nossos contemporâneos, que continuam passando quase 40 horas semanais diante de seu televisor (ainda mais no México, ao que parece).

Um outro procedimento de análise é possível, não para aderir às posições exprimidas pelo sr. Le Lay, que pertencem somente a ele, mas para tentar detectar no procedimento desse mesmo empresário os elementos da realidade que a estrutura moral de nossos próprios julgamentos nos impede de ver e compreender.

Na citação mencionada, o que nos parece importante não é a Coca-Cola, não é o "desvio" de uma mídia de massa em direção a um funcionamento puramente publicitário onde não é a propaganda o que interrompe os programas, mas os programas que se intrometem na propaganda; não é nem mesmo a definição de um ofício, sobre a qual um debate sério deveria ser travado. O que nos parece importante é a referência às atividades cerebrais ("o tempo de cérebro disponível"). É preciso esclarecer que o sr. Le Lay não tem o mérito de ter inventado essa pérola; um ano antes dele, um sociólogo, Bernard Stiegler, já falava sobre o tempo de "consciência" monopolizado pela grande mídia.

Se o sr. Le Lay vende tempo de cérebro disponível para a Coca-Cola e se ela compra, é porque essa operação comercial diz respeito a um problema destacado por todos os economistas: o da socialização dos produtos. É a partir dessa questão que pretendemos desenvolver o fio condutor de nossas análises.

A. Globalização, industrialização, crescimento endógeno

Entre as duas guerras mundiais, o filósofo Walter Benjamin se queixava da industrialização das atividades culturais de que ele começava a se dar conta. Essa consciência infeliz em face do progresso industrial do livro, do filme e da música, representa o modelo de um modo de pensar que precisou de mais de cinqüenta anos para ser transformado pela aceitação de analisar o real em lugar de fantasiá-lo conforme nossos desejos.

Na realidade é a coisa mais normal do mundo que o processo de industrialização, um dos progressos metodológicos e operacionais mais importantes da história humana (para a saúde, os transportes, o conforto, a troca de idéias, a pesquisa... etc.), também ocorra nos fenômenos culturais. Somente a concepção elitista da qual já falamos poderia fazer pensar que, como índios numa reserva preservada, como um eremita separado da evolução geral do mundo humano, a cultura e suas produções poderiam — e deveriam! — permanecer à parte desse movimento.

De modo que desde o século XIX e o primeiro êxodo rural maciço que havia começado dois séculos antes, nossa civilização oscilou pronunciadamente em direção à constituição dos grandes pólos urbanos em que as atividades e os homens se concentravam maciçamente, empurrando com os braços as caravanas, marcando a entrada maciça das populações numa produção normatizada, disciplinada e — já — muito internacionalizada. F. Braudel fala então de uma primeira globalização e de uma economia-mundo para qualificar as conseqüências da conquista da América pelos Conquistadores. A segunda globalização foi a da constituição dos grandes impérios coloniais ocidentais, e nós vivemos a terceira etapa.

Em todas essas etapas, a circulação dos produtos e mercadorias desempenhou um papel determinante na evolução geral das sociedades que entraram em contato umas com as outras. As armas, a tecnologia e um certo modelo de guerra permitiram que o Ocidente e suas nações se constituíssem como potências dominantes e impusessem sucessivos modelos econômicos adaptados às suas necessidades, sem nenhuma consideração pelas nações ou regiões que se tratava de "civilizar". A primeira globalização ainda foi em grande parte fundada pela exploração predatória de terras, de riquezas minerais e da força física de trabalho: boa ilustração seria o fenômeno das *encomiendas* ou o trabalho forçado dos vencidos na extração de metais preciosos com destino à Espanha.

A segunda globalização, também fundada na agressão armada, aconteceu num mundo em que o modelo industrial, já dominante, impunha uma outra distribuição desigual das especializações e sua organização racionalizada: caracteriza-se pela drenagem das matérias-primas para os centros metropolitanos de transformação, pela difusão dos métodos industriais nas zonas imperiais (Índia, África do Norte...) e pela necessidade de formação de mão-de-obra, de compartilhamento de saberes e de tecnologias. A conseqüência dessas duas fases históricas da globalização foi a criação das novas cadeias de interdependências entre os países e os homens; apesar de todos os horrores que tenham acarretado, elas abriram o mundo, não mais apenas para os exploradores de terras "virgens", mas para as massas de todos os países.

Essas duas fases tiveram em comum um modelo de crescimento de riquezas fundado na **exploração predatória externa**. Esse modelo econômico era muito antigo: já se encontra em germe entre os gregos e os romanos, para os quais a guerra era uma atividade normal com o objetivo de adquirir riqueza e explicava-se pelo desequilíbrio entre o número de homens e de recursos disponíveis; esse malthusianismo "espontâneo" teve diversas roupagens ao longo da história: Deus, o prestígio da realeza, a civilização... a demografia, sua potência, seu dinamismo e sua relação com a quantidade de riquezas produzidas estão no cerne desse modelo.

Com certeza a globalização que nós vivemos hoje em dia não descartou de todo o recurso às armas, disso nós sabemos muito bem, mas os debates internacionais que estão sendo feitos sobre uma cultura da paz, a reprovação que tem sido dirigida às agressões militares, são demonstrações de que a paisagem ideológica mudou radicalmente.

Em seu estágio atual, a globalização está fundada num modelo que nasceu ao longo do desenvolvimento impetuoso de fenômenos industriais que podemos definir como **crescimento endógeno**. Nesse modelo, fundado na transformação dos próprios processos produtivos, nas novas complexidades dos mercados internos e das carências mundiais, o que conta já não é a pura posse de matérias-primas (ainda que isso seja um trunfo), a quantidade de braços, mas **o capital humano, sua qualificação, seu nível intelectual e sua capacidade de fazer funcionar um imenso complexo produtivo que vai das pesquisas fundamentais e aplicadas à finura de uma comercialização especializada ou mundial, passando pelas ciências de engenharia, a sofisticação de produções automatizadas e em que a informação útil em formato digital tem um papel crucial.**

Produzir, vender, exportar, estão nesse nível de operações cada vez mais complexas onde o que conta principalmente é a capacidade de inovação, o alto nível de qualificação das forças produtivas e sua motivação/mobilização. Numa palavra, no modelo do crescimento endógeno, **a vantagem produtiva** deslocou-se da força física e do número para o espírito, sua formação, sua capacidade de adaptação e de inovação.

B. O novo dado econômico: o valor do espírito

Deixemos a cultura de lado por um momento para verificar o que se passa mais concretamente nos outros setores. Para entender melhor, examinemos a estrutura de custo de um par de tênis, o Pégasus da Nike. Esse já é um exemplo clássico (Ménard, 2003, Cohen, 2004).

O Nike Pégasus é vendido no mundo inteiro pelo equivalente a 70 dólares. O operário que o fabrica em Taiwan, na Coréia ou no Marrocos, recebe 2,75 dólares. Onde estão os outros dólares? O custo bruto de fabricação (salários de operários, compra de máquinas, frete, remuneração dos capitais investidos) chega a 16 dólares. Como isso vira 70 dólares?

As campanhas de publicidade são fenomenais: custam 4 dólares por par.

Quando a Nike vende seus pares de Pégasus aos distribuidores de cada país, cada unidade custa 35,5 dólares.

Os outros 35 dólares constituem o preço que se paga por "calçar o Pégasus nos pés do cliente".

Se observarmos bem, logo perceberemos que o custo de fabricação industrial global representa menos de 25% do preço total pago pelo cliente final na França ou no México. Mais de 25% remuneram a concepção anterior e a Nike como empresa, e a comercialização engole mais de 50% (contando a publicidade mencionada acima). Numa palavra, cada par de Pégasus da Nike custa muito menos para se fabricar e muito mais por causa da **concepção/ administração e "socialização" do produto**.

Como bem diz Daniel Cohen (2004): "Baumol observa que nunca se manipulou uma quantidade tão grande de produtos quanto hoje em dia. Mas o que tem tido valor, o que conta no preço de uma mercadoria, já não é mais o tempo que é preciso para fabricá-la. São as duas atividades anterior e posterior que são **a concepção e a prescrição** que têm ocupado um lugar essencial".

Agora a cadeia de valor literalmente mudou de fisionomia. Numa ponta, existe a produção de um bem "imaterial": uma "imagem" para um sapato ou uma roupa, uma fórmula química de molécula para um medicamento, o código-fonte de um programa, uma canção para um disco, o filme produzido para o cinema... Na outra ponta da cadeia de valor está o conjunto das atividades que permitirão fazer com que os compradores visados de fato desembolsem, e muitas vezes entre os dois, rios de publicidade em todas as mídias possíveis e imagináveis de acordo com as necessidades específicas representadas pelo produto.

O que parece especialmente notável é que o conjunto do funcionamento da economia geral parece estar alinhado à organização da cadeia de valor dos produtos culturais e ao modelo cultural em geral.

Esse "alinhamento" não tem nada de fortuito: trata-se na verdade de um movimento profundo que afeta o conjunto das economias desenvolvidas e que tem a ver, por um lado, com a difusão generalizada de processos industriais e de tecnologias digitais e, por outro, com a visão de mercados cujo tamanho tem sido planetário. A posse das mesmas ferramentas supera as vantagens comparativas em favor da capacidade de melhor se servir delas, e do modo mais original que o concorrente, para conquistar mercados, isto é, em favor da capacidade geral de inovação desse ou daquele país. Isso num primeiro momento; posteriormente, todo o problema será o de conquistar desejos, influir sobre as escolhas e a decisão do comprador. **Primeiro, o espírito, depois, o espírito**.

O conjunto da nova economia repousa sobre esses processos fundamentais no cérebro dos produtores/criadores e no cérebro dos compradores que é preciso "atingir", tocar de qualquer maneira.

Assim se entende melhor como vender o tempo de "cérebro disponível" pode se tornar uma atividade muito rentável e um verdadeiro ofício onde há mais dinheiro para se ganhar do que quando se quer fazer uma televisão cultural! O sr. Le Lay é responsável por uma empresa e considera que seu papel é ganhar tanto dinheiro quanto for possível, para remunerar seus acionistas e justificar o seu salário, suas comissões e suas escolhas de ações. Ele não está encarregado de fazer uma política pública de cultura. Mas nós vivemos na mesma sociedade que ele, uma sociedade onde a ação dele e a orientação da empresa dele são possíveis porque a realidade dos processos econômicos e comportamentos dos mercados de massa são **condições de possibilidade para a existência de uma coisa e outra**.

O cinismo e a indignação são categorias que não nos permitem captar tudo o que está em jogo nessa nova situação, nem mesmo imaginar como é possível pensá-la de maneira favorável ao desenvolvimento cultural. Mas é justamente isso que é indispensável fazer, para não se fixar numa lamentação que não resolve nada, e é isso o que nos proporcionam as novas abordagens da economia do conhecimento.

4. Rumo a um novo paradigma: a economia do conhecimento

Se a condição do desempenho econômico global de um país na competição aberta pela nova economia é a inovação, então é preciso admitir que a cultura, as práticas culturais e as indústrias culturais, **como atividades altamente simbólicas, isto é, atividades que apelam às mais importantes capacidades intelectuais e emocionais dos indivíduos**, participam integralmente, e da mesma forma que a educação, a pesquisa ou a formação de forças produtivas adaptadas à inovação, da construção de um "capital humano" que possui as funções simbólicas necessárias e, geralmente, **uma economia psíquica capaz de evoluções, criações, antecipação e mobilização.**

O próprio capitalismo não tem se enganado ao desenvolver uma abordagem da produtividade fundada na responsabilização dos indivíduos, no funcionamento em rede e no investimento psíquico dos agentes em seus trabalhos (Cohen, 2001, Boltanski, 2001). A "paixão" foi outrora o atributo do desejo de amor ou de cultura; os artistas, os amantes, viviam apaixonadamente sua relação com a arte, com a cultura; o mundo do trabalho se apoderou desse desejo orientando-o para fins produtivos, encontrando na operação o segredo de uma nova produtividade cujo único limite é a usura psíquica, a depressão, a doença mental...

Encontra-se uma confirmação desse movimento na estrutura do consumo doméstico na Europa: as despesas culturais *stricto sensu* ocupam, como vimos, entre 3% e 5% das despesas, mas se a cultura é relacionada à educação e à saúde, isto é, se faz parte de um "bloco" da "fabricação e manutenção do Homem", então se obtém, na França, por exemplo, um total de despesas que ultrapassa 25% e que ocupa o primeiro lugar do consumo doméstico.

De fato, as atividades culturais participam da elaboração de novas forças produtivas num duplo sentido: no sentido de elaboração final das capacidades e no de recreação (*entertainment*), consolador das fadigas agora mais nervosas que musculares. Dessa maneira, quanto mais a riqueza de um país aumenta, mais ele forma elites e mais essas elites encontram em diferentes atividades culturais e modelos de legitimidade os meios de forjar para si uma distinção.

A cultura se tornou hoje, então, uma atividade altamente simbólica também num duplo sentido: no sentido das capacidades de inovação produtiva e no sentido de uma distinção social reivindicada e que pode, no limite, criar um verdadeiro problema político interno quando as elites de um país ou uma fração dessas elites têm a impossibilidade de se distinguir com dignidade em seu próprio país, se as questões culturais estiverem abandonadas ou se o campo cultural estiver absolutamente saturado de produções estrangeiras das quais essas elites não têm nenhuma possibilidade de participar de maneira gratificante.

Criando o Ministério da Cultura em 1959, o general De Gaulle realizava uma grande operação política pública **de prestígio**; ele procedeu da mesma maneira **com a política de defesa**. Essas duas operações foram fortemente apoiadas pelas elites francesas, apesar de todas as relações de força existentes, e em particular no setor de poder nuclear, no qual o "guarda-chuva" americano estava sendo oferecido à França. Aproximar a cultura e a defesa pode parecer bem pouco ortodoxo, mas se trata de dois bens públicos fundamentais e nada nos impede de compará-los. **A cultura de um país é um bem coletivo, assim como sua segurança, a saúde dos cidadãos, sua educação, ou ainda os resultados de seus pesquisadores, engenheiros e técnicos de todas as disciplinas.**

Essa extensão da comparação do campo cultural com outros campos, aparentemente bastante afastados, não é uma heterodoxia: às vezes é preciso ser capaz de tomar distância de si mesmo para ver melhor e perceber melhor as novas condições de nossa existência e os desafios de nossa ação. Além disso, estamos em melhores condições de apreender o valor de nossa própria cultura ao tomar uma distância em relação a ela, ao mesmo tempo em que nos submetemos à cultura dos outros...

F. Braudel dizia que os modelos que ajudam nossa compreensão são como "navios" que devem ser postos para navegar no tempo e no espaço, a fim de apreender seu valor e seus limites. Fazer a economia da cultura viajar dessa maneira é dar-se os meios de especificá-la e de compreender tudo o que a liga às evoluções gerais de nosso mundo, aqui e agora. É realizando essa "viagem" que se pode compreender tudo que a cultura pode trazer para a emergência, não somente dos conceitos de economia do conhecimento, mas também de uma nova visão da prosperidade econômica pura e simples.

As doutrinas emergentes da economia do conhecimento contrariam frontalmente as concepções econômicas clássicas. Para nós, elas despertam grande interesse, pois seu processo estritamente econômico (e não cultural) não somente reinterpreta o problema do valor econômico da cultura como, mais que isso, faz da cultura um elemento essencial de compreensão dos comportamentos econômicos.

Diversos economistas (Stiglitz, Shackle, Akerlof, Sapir, etc.) criticaram e refutaram, a partir de questões clássicas, os próprios fundamentos das doutrinas econômicas *standards*. Com efeito, para que a "mão invisível" dos mercados, defendida pela ciência econômica clássica, seja possível como regulador do equilíbrio geral, é preciso admitir sem discussão um certo número de condições fundamentais: o mundo econômico é constituído por produtores independentes que fazem trocas entre si, a maximização do interesse de cada um contribui automaticamente para o bem-estar de todos, a concorrência entre eles é pura e perfeita porque a informação é simétrica. Ora, não apenas algumas dessas condições são de ordem puramente metafísica (um mundo de indivíduos isolados sem associações coletivas, comunitárias ou nacionais, por exemplo), mas, ainda, nenhuma delas corresponde a realidades do mundo concreto.

Não somente a ligação entre maximização de benefícios/interesses e bem-estar social confunde abusivamente **eficácia e justiça**, como também os problemas postos pelo próprio conceito de **informação** estão no cerne dessa crítica.

O que esses economistas constatam, no fundo, é que **a informação nunca é legível naturalmente, nem simetricamente**, entre os agentes econômicos e que, no entanto, é seu correto tratamento que determina o processo de antecipação, de decisão e de ação. Para eles, que levam a sério as contribuições mais recentes das outras ciências, a racionalidade de qualquer agente econômico é limitada, assim como sua capacidade de tratar de uma multiplicidade de informações; e não somente de tratar, mas sobretudo de tratar *corretamente*.

Essa observação é ainda mais válida num contexto de incertezas e no contexto moderno, no qual novas tecnologias permitem uma extraordinária acumulação de informação. Para eles, ainda, essas observações são válidas a *fortiori*, desde que se queira reconhecer que o mundo econômico no qual vivemos não é aquele dos pequenos produtores independentes, mas o de **sociedade densa**, com várias interdependências e na qual a ação de cada agente tem conseqüências não visíveis e muitas vezes inesperadas sobre outros agentes e outros compartimentos da vida econômica.

Essa problemática foi ilustrada por Shackle (1949) no estudo do que chamou de "surpresa".

Se a informação é transparente e se cada agente tem dela uma visão perfeita (visão clássica), por que a surpresa é possível em economia e freqüentemente com efeitos devastadores? Com efeito, quando acontece uma crise é sempre depois dela que os economistas apontam os "sinais anunciadores" que ninguém soube interpretar. Por quê? Shackle vai, assim, relacionar em sua análise "surpresa" e "crise". Ele estabelece uma distinção fundamental entre um acontecimento que foi descartado como pouco provável depois de ter sido vislumbrado (*counter-expected event*) e o acontecimento **inesperado** que sequer foi vislumbrado (*unexpected event*). Sua análise merece ser citada:

> "A estrutura de antecipações de uma pessoa é mais atingida por um acontecimento inesperado que por um acontecimento rejeitado. O primeiro não revela somente um erro de julgamento: sublinha o fato de que a pessoa não apenas foi incapaz de conhecer um elemento essencial da situação, **mas que ela foi, além disso, ignorante da existência e da amplitude de sua própria ignorância**" (grifo nosso).

O efeito da surpresa provoca, segundo Shackle, uma espécie de desorganização entre os agentes econômicos que se põem, então, a buscar um novo sistema de estabilidade para tentar resolver os efeitos da surpresa. Se a surpresa é "favorável", os agentes econômicos não acelerarão muito rapidamente seus investimentos (com exceção dos adeptos do risco), uma vez que vão tentar, antes de tudo, compreender por que eles não viram o que estava por vir. Ao contrário, se a surpresa é "desfavorável", então a coibição do investimento é imediata, por causa da antecipação de perdas catastróficas.

Isso explica, segundo Shackle, por que as reviravoltas de conjuntura são mais brutais no sentido expansão-recessão do que no sentido recessão-expansão.

Segundo J. Sapir (2005), essas análises de Shackle são essenciais para compreender que num sistema econômico descentralizado (o oposto de um sistema de tipo soviético, inteiramente planificado e centralizado), "a crise é mais natural que o pleno emprego de fatores". E ele acrescenta: "O esforço de explicação e de compreensão que deve fornecer a teoria econômica é, pois, mais importante e mais crucial para compreender o crescimento que para compreender a crise. Essa tese (...) leva à idéia fundamental de que a crise é primordial e não o equilíbrio. Isso não quer dizer que a crise seja permanente ou inevitável, mas que os períodos de estabilidade e de prosperidade devem ser pensados do ponto de vista das soluções que foram adotadas, conscientemente ou não, para essas tendências de crise" e não, como a economia *standard* faz constantemente, tentando colocar sob acusação tudo o que pôde ser um entrave para a ideologia dos mercados automáticos e auto-reguladores (a assistência, a intervenção do Estado, etc.).

Para os *"fanáticos do mercado"* (Stiglitz), toda crise deve ser resolvida por um mercado auto-regulador ainda mais livre, fator de equilíbrio geral. É um argumento que conhecemos bem hoje: se o mercado não funciona bem, é porque não é nunca suficientemente livre ou liberado. A questão de saber *se o mercado por si só é incapaz de assegurar o equilíbrio econômico não se coloca nunca* para os fanáticos de que fala Stiglitz. Para os novos analistas da economia, ao contrário, qualquer defesa de fuga dessa ideologia, de uma reconsideração do papel dos Estados e da regulação, e de resultados de microeconomia, autorizam a refutação da "metafísica *standard*" do neoliberalismo: agentes econômicos isolados, independentes de toda coletividade, oniscientes e capazes de ler eficazmente qualquer informação.

Para eles, a idéia de que o acesso às informações é uma condição suficiente para assegurar o bem-estar econômico e as boas decisões é uma bobagem típica de uma filosofia de supermercado que funciona por *slogans*. Ainda J. Sapir:

> "Somos confrontados hoje com uma acumulação de banalidades mistificadoras. Os pedantes que se maravilham diante do fenômeno da Internet não percebem que a multiplicação do acesso à informação é muito mais uma coação do que uma oportunidade para os agentes. Mais que uma revolução de informação, esses sistemas são portadores, se não tomarmos cuidado (...), de *patologias da informação*. É um profundo e perigoso erro acreditar que entramos numa sociedade da informação. De acordo com o ponto de vista, dirigimo-nos ou para uma sociedade do signo, tendo por horizonte a trombose de interpretações e as patologias da informação, ou para uma sociedade do conhecimento".

Conhecimento — a palavra é vaga. Com efeito, o que a maior parte dos novos economistas reconhece agora é que a própria noção de informação é insuficiente para compreender os fenômenos econômicos, ou melhor, que para apreciar o papel e a importância dela, a informação deve ser tornada secundária em relação aos sistemas de conhecimento, que são os únicos suscetíveis de permitir seu reconhecimento *como informação* (e não como *ruído* ou *signo*), de interpretá-la corretamente e de incluí-la em uma verdadeira perspectiva que abra caminho para a escolha e para a antecipação válida.

O que é fundamental na economia do conhecimento **é, antes de mais nada, o ato interpretativo, isto é, os esquemas integrados de interpretação que, apenas eles, dão à informação seu *status* e seu valor**. Esses quadros de conhecimento são primeiros em importância, e a informação e sua quantidade vêm depois. Para abordar esses quadros, os economistas utilizam o conceito de "cultura econômica", não no sentido de uma integração de teorias, mas no sentido de uma apropriação inteligente dos saberes tecnológicos, de comportamentos sociais dominantes, de cultura organizacional.

Eles detectam inclusive **estilos particulares e nacionais** dessa apropriação, o que não é de admirar, porque apenas a teoria do mercado livre e auto-regulador pode pretender que os mercados não digam respeito nem à história, nem à cultura de um país e que os agentes econômicos sejam somente indivíduos livres e calculadores de interesses, separados de todos os contextos sociais e nacionais. Esse **sistema de conhecimentos** que permite aos agentes econômicos serem eficazes na antecipação e na interpretação das informações é qualificado de **bem coletivo** por Sapir, que acrescenta: "(...) a destruição dos saberes coletivos e dos conhecimentos tácitos levaria à perda desse bem coletivo, e portanto a uma perda geral para os agentes em questão".

Ora, nós sabemos que a cultura de um país também possui essa estranha característica de ser um bem coletivo e um bem coletivo que necessariamente participa da formação dos sistemas de conhecimento de um país, logo, da constituição das faculdades de interpretação e de adaptação de suas forças produtivas **com um estilo próprio.**

A cultura e a arte, pelo que se sabe, participam da visitação do inesperado (*unexpected event*), da anomia e do original, e até do extravagante. Elas não somente produzem estoques de conhecimento, mas fornecem quadros plásticos para colocá-los em jogo; elas estabelecem aproximações que a racionalidade comum jamais ousaria fazer, elas transgridem as rotinas e deslocam as fronteiras que a *razão razoável* se esforça incessantemente para erguer. Numa palavra, elas habituam os espíritos a um tipo de visitação da inovação que permite capitalizar a agilidade interpretativa e conjugá-la com a possibilidade de buscar soluções, que seria impossível, sem ela, sonhar em buscar.

A cultura aparece como um dos fatores que entram na economia do conhecimento da mesma maneira que a educação ou a pesquisa científica. Não é mais seu impacto econômico o que justifica agora essa afirmação, mas sua contribuição direta ao próprio desenvolvimento econômico nas sociedades modernas. Ela não pode mais ser pensada como um puro lugar de gastos, mas como um investimento indispensável, desde a educação artística e cultural das crianças até a ajuda financeira para a criação artística. Se ela participa assim da riqueza de um país como um bem coletivo, é porque não somente o espírito se tornou a plataforma indispensável de toda a eficácia e coordenação econômica, mas porque, além disso, suas faculdades e seus quadros são a base do crescimento endógeno e de um verdadeiro desenvolvimento durável.

A economia do conhecimento introduz, assim, no próprio cerne da racionalidade e das análises econômicas, a sociedade concreta que a economia *standard* tentou sem trégua "expulsar" de seus modelos para construir sua teoria dos mercados puros e perfeitos dos agentes econômicos abstratos.

Nesse sentido, todos os combates pela defesa e pela promoção da diversidade cultural estão justificados e não apenas em bases humanistas. A necessária ação pública também é justificada e não somente porque o espetáculo ao vivo é cronicamente deficitário. É em nome de novas racionalidades econômicas, mais próximas das realidades econômicas em que vivemos, promessas de belos desenvolvimentos e que tenham mais relação com o mundo moderno, que as políticas da cultura poderiam encontrar um novo fôlego e uma nova legitimidade. Ainda é preciso que elas encontrem os meios para isso, fazendo do debate econômico e da observação econômica do setor cultural um instrumento integrado e competitivo.

5. O desenvolvimento, ainda...

O que a doutrina do crescimento endógeno nos ensina é que, em uma determinada economia, a importância da coordenação dos fatores internos de produção é absolutamente determinante para o desenvolvimento dessa economia. Nesse aspecto, o crescimento endógeno converge com os grandes imperativos da economia do conhecimento, que faz das interações positivas o objetivo da atividade econômica pela melhor interpretação das informações e a tomada de decisão em sociedades densas. Portanto, ela também se afasta das visões da economia *standard* que sistematiza os mercados com base em produtores independentes.

Com isso, direciona o raciocínio para aquilo que constitui normalmente os objetivos da economia: garantir o bem-estar e a prosperidade dos grupos humanos **no interior das unidades coletivas das quais eles se dotaram (comunidades, sociedades, Estados).**

A. Libertar-se do fanatismo neoliberal

Nesse sentido, essa doutrina nos permite tomar distância das fantasias difundidas por alguns *fanáticos neoliberais* para os quais somente os "mercados puros e perfeitos" têm uma existência real na economia. Sua insistência nos mercados específicos do comércio internacional é, aliás, altamente suspeita. Não porque as trocas internacionais sejam por natureza condenáveis, mas porque a lição que eles tiram delas é de que o mundo teria se convertido hoje em um grande mercado, cujas únicas "imperfeições" seriam justamente as regras das comunidades humanas, isto é, os Estados, os direitos e, é preciso dizer, a própria democracia em certos casos. Essa doutrina agressiva começa a exasperar os economistas "clássicos", cada vez mais numerosos.

Paul Krugman (2005), por exemplo, diz que não entende essa insistência no comércio internacional que apesar de não ser menosprezável está longe de representar a maior parte das riquezas produzidas. Contesta com veemência o que chama de "*teorias pop*", pois elas não apenas carecem de fundamento econômico, como conduzem diretamente ao que chama de um "*pop imperialism*".

De fato, as teorias *pop* apresentaram a noção de **vantagem competitiva** como uma das características dos **países**, mas esse conceito só é válido (mesmo em uma economia *standard*) **para empresas** em um determinado mercado. No caso dos países só se pode falar de **vantagens comparativas** que permitem a troca em um jogo de **soma zero** (o que uma parte ganha, a outra parte perde).

Mediante essa operação, as teorias *pop* **transformam os países em empresas**, o que, além de ser uma estupidez econômica, representa um sério perigo. Quando um país fascinado pelo comércio internacional "se vê" como uma empresa, só lhe resta entrar num ciclo infernal em que a idéia de sucesso comercial, no limite, torna-se sinônimo de vitória absoluta. Essa lógica é a de um jogo de **soma positiva** (o vencedor fica com tudo); impelidas pelo fato de que as lutas pelos mercados internacionais são coisas de gigantes, as multinacionais, as únicas com capacidade de operar nessa escala em uma perspectiva constante de redução dos custos e de monopolização dos mercados. Logo, se um país adota oficialmente (ou oficiosamente) as teorias *pop*, ele estará mais preocupado em baixar o custo de sua mão-de-obra para se tornar "competitivo" do que em manter políticas sociais, culturais ou de pesquisa, vistas agora apenas como *custo*.

Se for um país emergente, ficará bastante tentado a considerar que a exportação de mão-de-obra barata representa uma vantagem competitiva, uma forma de renda à qual se acomodará sem pensar que sempre existirão países mais pobres do que ele que podem fazer esse jogo e empurrá-lo para baixo em uma espiral infinita. Correndo entre uma redução de custos e outra para se manter na competição, ele consumirá também as energias que poderia destinar ao crescimento endógeno, isto é, às verdadeiras estruturas de desenvolvimento, estruturas que ninguém pode lhe tirar nem gerir por ele.

O problema atual, segundo Krugman, é que os Estados Unidos aderiram totalmente à doutrina *pop* (o famoso "consenso de Washington"), a despeito dos conselhos da ciência econômica, e a difundiram por todo o mundo por meio de *"think tanks"*, de redes diversas e variadas, de alianças de interesses e de pressões. Com isso, não fizeram nada mais que adaptar do comércio internacional o velho *slogan* "O que é bom para a General Motors é bom para os Estados Unidos" dando-lhe a forma "O que é bom para as grandes empresas americanas é bom para o mundo". Isso significa que, nessa problemática, todas as estruturas coletivas, todos os Estados, todas as legislações podem ser vistos como obstáculos potenciais ao funcionamento de um sistema que voltou a ser predador.

Foi em nome desse tipo de doutrina que o FMI acabou desempenhando um papel funesto em vários países (sobretudo na Argentina), pregando sempre mais desregulação, menos proteção social, interesses cada vez mais individualizados em detrimento dos interesses coletivos, ao mesmo tempo em que se agravavam os erros do neoliberalismo fanático. Não se trata mais aqui de economia, mas de relações de força sustentadas por uma ideologia avassaladora que encobre seus pressupostos sob uma aparência de racionalidade econômica: esse sistema tem um nome, é o **darwinismo social** erigido como regra de ouro dos negócios, é a lei do mais forte dissimulada por trás da competitividade, é um liberalismo perigoso e devastador cujo lema não é mais *"Laisser-faire"* mas *"Laissez-moi faire!"*

B. Internet: defender a cultura e os direitos autorais

É difícil conceber como tal ideologia pode produzir desenvolvimento e, mais especificamente, desenvolvimento estável. Ao contrário, é fácil imaginar como pode ela impedir o desenvolvimento e por que tende a isso. O exemplo do efeito de fuga no turismo é, na verdade, apenas um dos aspectos do "bombeamento" das riquezas dos dominados para os dominadores. O problema é ainda mais grave quando a bomba age na própria base das riquezas e de sua possibilidade.

Será que após a pilhagem de matérias-primas assistiremos à pilhagem da criação e da massa cinzenta, fundamentais para assegurar as condições necessárias para um crescimento endógeno na nova economia do conhecimento? É um risco. **Como veremos, é o que está por trás do debate sobre a propriedade intelectual e a Internet.**

De fato, as discussões sobre a pirataria individual, a transferência de arquivos e o P2P dissimulam a intenção de substituir o modelo francês (direitos autorais) pelo modelo americano (*copyright*).

No direito autoral centrado na criação, a dimensão econômica é sempre circunscrita à dimensão cultural. Daí o direito moral que defende o interesse cultural contra as usurpações do produtor e do investidor. Esse direito moral é compartilhado pelo público e pelos artistas. Daí também o reconhecimento pelo diletante de um espaço "de impregnação cultural" (liberdade de cópia privada e de circulação no âmbito do círculo familiar reconhecido como distinto de um mercado). O investidor, por sua vez, busca apenas a maximização de seus lucros: para ele, esses espaços comportam vazios a conquistar, mercados potenciais.

A pirataria individual e o P2P, culpado de todos os males, são apenas álibis dentro de uma estratégia que visa transformar o círculo familiar em mercado solvente. Com esse objetivo, é preciso legislar usando a técnica contra a técnica, ou seja, acusar os diletantes de delinqüência para propor em seguida sistemas de bloqueio da Internet.

Assim, em 1998, a administração Clinton adotou o Digital Millenium Copyright Act (DMCA) que assegura aos titulares de *copyright* o direito de utilizar técnicas de bloqueio e de controle da cópia privada e, até, de torná-la impraticável (as ferramentas utilizadas são conhecidas como DRM: Digital Right Management). A única alternativa agora é pagar o acesso.

Para poder exportar essa idéia genial para todo o mundo, a administração americana aderiu previamente aos tratados da Organização Mundial da Propriedade Intelectual (OMPI) que prevêem o recurso a medidas técnicas legalmente protegidas. Pressionada pelos *lobbies*, a Comissão Européia seguiu os passos dos Estados Unidos acrescentando uma "harmonização das exceções" que impunha a menção dos direitos exclusivos, apresentados agora com base no modelo do *copyright*.

As medidas técnicas em si são neutras e o que faz a diferença é justamente o modelo jurídico ao qual se prestam. Essa é verdadeiramente a questão. Na França houve um grande debate porque o governo foi obrigado a criar uma lei para estabelecer essa diretriz européia. Todos entenderam muito bem que se tratava de "mercantilizar" a esfera íntima e de desferir um golpe duplo, concedendo expressamente o poder de controle aos produtores e aos investidores embora esse direito fosse reservado aos "autores" até mesmo nos tratados da OMPI (artigo 11). Os aspectos mais inaceitáveis do projeto foram descartados graças a um debate muitas vezes tumultuado, mas, ainda assim, a direção da ofensiva dos dirigentes é clara: acabar com os direitos autorais em benefício do *copyright* e ter o controle do acesso pago à cultura pelas redes.

Nesse contexto, as legislações nacionais são também obstáculos a superar. Para o desenvolvimento dos países emergentes, o desafio é enorme, a se levar em conta que a forte tendência ao desenvolvimento tecnológico tornará a Internet cada vez mais importante para as jovens gerações. Os Estados ainda podem agir tanto pela legalidade quanto pelo controle das redes, pois eles têm meios para isso.

Este é o momento de fazer a defesa do direito autoral na Internet contra o *copyright*, porque depois será tarde demais e os recursos da criação serão cada vez mais canalizados para os investidores em detrimento dos artistas. É difícil imaginar como isso pode favorecer a diversidade cultural e impedir que prossiga a delinqüência de "quadrilhas organizadas". A observação vale particularmente para o México e outros países que hoje se arrependem de não ter imposto restrições defensivas em relação ao setor cultural ao assinar pactos de livre-comércio com os Estados Unidos. Uma grande parte de suas possibilidades futuras de desenvolvimento depende disso.

TERCEIRA PARTE

OBSERVAÇÃO DA ECONOMIA CULTURAL: UM DESAFIO PARA A AÇÃO

Para qualquer sociedade desenvolvida ou em desenvolvimento, a economia da cultura representa, como se viu, um desafio importante em três níveis principais: como setor econômico propriamente dito (financiamentos, montante de vendas, valores patrimoniais, empregos, etc.), como setor com impactos diferentes sobre outros setores (turismo, imobiliário, *design* industrial, etc.) e como setor participante, como a educação e a pesquisa, na formação das capacidades requisitadas pelas novas economias do conhecimento.

O conjunto dos elementos delineia uma problemática que obriga a pensar a questão da decisão e, portanto, da informação de que dispõem os tomadores de decisões como um dos campos fundamentais da ação no âmbito cultural, seja essa ação própria dos tomadores de decisão públicos, dos tomadores de decisão privados ou, de maneira mais geral, dos meros cidadãos.

À primeira vista, o fato de se informar pode parecer uma ação simples e fácil. Na realidade, não é. Não apenas a quantidade de informações recebidas não garante absolutamente o valor das decisões tomadas, como também requer uma profunda reflexão sobre as estruturas de interpretação que operamos para passar da recepção dessas informações à sua "organização" adequada para a ação e, por último, ao seu uso para decidir.

Sempre que nos dizemos "Mas é simples, bastaria fazer isso ou aquilo", temos de lembrar que vivemos em sociedades **densas, isto é, em sociedades complexas,** onde as cadeias de interdependências entre nós e os outros homens ou mulheres são muito extensas e geralmente muito delicadas. Um movimento, uma ação em um elo ou em uma extremidade dessas cadeias pode ter conseqüências indesejáveis na outra extremidade da cadeia. Nada garante que sejamos capazes de prefigurar a soma ou a estrutura das conseqüências vinculadas às decisões que tomamos.

É por isso que o problema da decisão raramente é apenas um problema de inteligência individual (embora, isso possa ocorrer), mas é um campo em que as ferramentas, as condições e as restrições devem ser examinadas com cuidado; a famosa cadeia "informação-decisão-ação" é simplista demais para descrever a realidade dos fenômenos, pois, como todos os *slogans* fáceis ela se poupa de uma reflexão aprofundada sobre o sentido que atribuímos a cada um dos três termos em jogo e às suas relações. Os tomadores de decisões têm consciência disso, na maioria das vezes, e tratam de fundamentar o processo de decisão em informações confiáveis e ratificadas, em ferramentas eficientes.

O problema no setor cultural, como de resto em todos os âmbitos da vida social, é que a informação não existe em si como uma pepita de ouro que se poderia encontrar escavando o leito de um rio, ou como uma flor que se colhe no caminho. **A informação útil à decisão deve ser produzida.** E na base de seu processo de produção existe necessariamente um dispositivo de observação do real que é preciso ajustar de maneira a obter conhecimentos mais confiáveis do que as meras opiniões ou "sentimentos".

O setor cultural é apaixonante e apaixonado. Na sua essência (a criação artística) é alheia aos procedimentos do conhecimento científico racional ou de quantificação. Essa postura apenas começou a mudar, como já dissemos no início desta obra. O desenvolvimento das práticas e dos consumos culturais, o florescimento das indústrias culturais, as questões de gestão relacionadas à proliferação de estabelecimentos culturais, a necessidade de ampliar ou de preservar os orçamentos das políticas públicas e os debates internacionais tiveram um papel decisivo na conscientização geral da necessidade de uma informação estruturada, útil aos tomadores de decisões, aos atores da cultura e aos cidadãos.

A idéia de que os enfoques econômicos podem ser benéficos para o desenvolvimento cultural em seu conjunto é bastante difundida hoje, mas **a problemática da observação econômica do setor cultural ainda permanece confusa e mal compreendida**.

E, sem uma observação digna desse nome, seria inútil acreditar na possibilidade de uma apreciação econômica dos fenômenos culturais. Pior ainda, seria inútil acreditar em debates verdadeiramente democráticos e em decisões sensatas.

Se em certos tratados internacionais de livre-comércio o setor cultural foi sistematicamente esquecido por muitos países a despeito de seu valor simbólico e econômico, não é porque os signatários desses tratados fossem idiotas ou mal intencionados em relação à cultura e sim porque não dispunham de ferramentas e de informações que os alertassem para os desafios desse setor. Talvez nem sequer imaginassem que pudesse existir **um setor cultural** específico, merecedor de um tratamento e de uma atenção particulares.

A invisibilidade (ou a minimização) do setor cultural no pensamento estratégico dos tomadores de decisões é conseqüência direta de uma falta de observação.

Tomemos um exemplo imaginário do pior dos casos, o do "tomador de decisões hostil" ao setor cultural de seu país. Em que condições podemos pensar que essa hostilidade seria suficiente para produzir decisões negativas?

Basta refletir um pouco para concluir que a capacidade desse tomador de decisões de prejudicar a cultura seria **máxima** em uma situação em que não houvesse um debate democrático estruturado sobre ela, fundamentado em informações confiáveis em que outros tomadores de decisões não dispusessem de argumentos qualitativos e quantitativos para contrapor à sua posição e em que os próprios atores do setor cultural fossem incapazes de demonstrar o valor geral de suas atividades.

Nesse caso, para diminuir o risco, os defensores da cultura só disporiam de soluções de compadrio (relações, chantagem, pressões de rede, etc.), de conflito direto ou, pior ainda, do cada um por si e do salve-se quem puder...

Ao contrário, quando todos os parceiros do setor cultural estão engajados e unidos em processos de observação coerentes, possibilitando a coordenação dos conhecimentos e da ação das administrações e instituições culturais, das indústrias culturais, das organizações de criadores e de profissionais culturais, então, produz-se uma **cultura coletiva da informação estruturada,** capaz de interferir nas orientações das políticas públicas, alimentar o debate cidadão, influenciar os outros tomadores de decisões e construir os argumentos que responderão às necessidades do desenvolvimento cultural.

Essa cultura de informação, com os argumentos que oferece e a difusão dos resultados de trabalhos através de diferentes ferramentas de "socialização" (seminários de agentes públicos, colóquios e congressos, publicações universitárias, *mass*-media, debates políticos, etc.), criaria uma atmosfera, um ambiente geral intimidador para as decisões negativas. Mesmo que houvesse um "tomador de decisões hostil", sua capacidade de prejudicar a cultura seria **mínima** em um contexto em que seus pressupostos seriam amplamente combatidos não só pela opinião pública como também pelos outros tomadores de decisões. Nesse caso, ele é que estaria em risco, pois suas más decisões o levariam ao isolamento contra o consenso global.

Como se vê, a problemática da observação não diz respeito apenas aos desafios técnicos ligados à posse de ferramentas técnicas ou de gestão (quantificações, estatísticas, indicadores, etc.), mas também aos desafios mais profundos relativos à decisão em uma democracia, ao seu contexto e às suas conseqüências.

Vejamos algumas comparações com setores mais tradicionais da economia. Quando o México projeta seu futuro energético, os tomadores de decisões econômicos e políticos têm à sua disposição, no setor petrolífero, por exemplo, toda uma série de informações confiáveis consolidadas ao longo do tempo (reservas, extração diária, preços mundiais, preço na bomba, custo de infra-estrutura, custos de exploração, etc.), como também um leque de opções estratégicas (privatização, nacionalização, parcerias público-privadas) que foram usadas em outras partes do mundo e das quais podem tirar lições. Em suma, dispõem de verdadeiros sistemas de informação e de **uma base de conhecimentos consolidados** sobre a economia e as estratégias petrolíferas. Assim, sua decisão constitui uma verdadeira escolha pela qual podem se responsabilizar inteiramente, sem poder dizer depois "eu não sabia!" A mesma observação pode ser feita em relação ao setor das *maquiladoras* ou da exportação de mão-de-obra.

Será que se pode dizer o mesmo do setor cultural? Certamente, não. E a ausência de conhecimento afeta desde questões básicas ("qual o volume do emprego cultural?", "qual o montante dos financiamentos públicos no setor?", etc.), até questões estratégicas complexas ("como revitalizar as indústrias culturais?", "que conseqüências teria para o setor cultural a adoção do *copyright*?"). Apesar dos inúmeros avanços nos âmbitos universitário e institucional (podemos mencionar o Atlas de Equipamentos e Atividades Culturais elaborado pelas equipes de Conaculta, no México, entre outras ações), há muito a fazer ainda para dotar o setor cultural mexicano de ferramentas de observação que possibilitem o acúmulo de conhecimentos, a elaboração da informação útil, a construção de indicadores. Enormes canteiros de obras são projetados nos setores da avaliação, da prospectiva ou mesmo da *inteligência econômica*. Todos estão relacionados à problemática da informação e de sua produção. **De fato, a noção de observação suscita e implica toda uma cultura da informação**.

Mesmo nos países mais desenvolvidos, a observação econômica da cultura padece de falta de estruturação, de continuidade e de meios. Porém, tem o mérito de existir, mesmo que nem todos esses países tenham adotado a mesma estratégia para sua implementação e que ela nem sempre esteja "no ponto certo": integrada à vida pública e presente nas esferas de decisão pública, ela assume seu papel estruturante e benéfico.

Nos países emergentes, ainda é vista com bastante freqüência como um luxo embora seja uma ferramenta básica. Ainda assim, o processo aponta para o futuro e é particularmente importante para as políticas públicas e o desenvolvimento da totalidade do setor cultural. O que ocorre, na maioria dos casos, é que a questão da observação parece receber um tratamento tardio em função da idéia de que é preciso agir primeiro para depois examinar os efeitos da ação. Os tomadores de decisões, em particular, são bastante propensos ao culto da ação que às vezes beira ao ativismo. Talvez fosse necessário inverter essa premissa e pensar que, para agir mediante a implementação de políticas públicas, a observação do setor cultural é um instrumento que deve ser desenvolvido desde o início para fundamentar as orientações e as decisões.

Construir a observação do setor cultural tem um preço, obviamente. Mas é um investimento rentável para o presente e para o futuro.

Pois, pode-se afirmar, sem risco de cometer um grande equívoco, que enquanto um país não tiver desenvolvido um mínimo de ferramentas eficazes de observação (públicas ou privadas, não importa), suas capacidades estratégicas de desenvolvimento cultural ficarão travadas, as decisões serão tomadas em função do momento, ou mesmo de um capricho, e conseqüências das orientações fixadas serão pouco previstas e fortemente contestadas.

1. A informação: um recurso indispensável inexistente...

Para esclarecer o que este título propositalmente provocador significa, utilizemos uma metáfora musical.

O que chamamos de "música"? Se refletirmos sobre essa questão aparentemente simples, veremos que a resposta não é tão simples como poderíamos supor.

Objetos materiais/Objetos relacionais

O que é a música? A partitura escrita? Não. Os músicos que formam a orquestra? Não. O regente? Também não. Na verdade, é quase impossível definir a música como uma "coisa" (uma mesa, uma cadeira, uma casa, etc.) pois ela só existe de fato no momento em que é ouvida, isto é, em uma relação com o ouvinte.

Seja em uma sala de concertos ou em casa numa gravação em CD, a música como tal possui um **modo especial de existência** que põe em jogo uma pluralidade de fatores (a partitura, a orquestra, o regente, os cantores, etc.) para atingir um "objeto" que só existe no momento da relação de escuta. Pode-se dizer o mesmo do teatro, por exemplo, ou inclusive da dança.

Na verdade, no mundo social, o modo real de existência da maioria dos fenômenos é o da relação entre seres humanos. É isso que torna o estudo dos "objetos sociais" tão complicado e enigmático, bem mais que o exame da natureza ou da matéria que se encontra "fora de nós" (um mineral, um gás, uma estrela, etc.). O fato de nós mesmos sermos perpassados por todas as relações sociais e atores dessas relações é que nos impede às vezes de tomar distância para estudá-las e defini-las. Essa dificuldade explica, por exemplo, os obstáculos que se antepõem ao desenvolvimento das ciências humanas e sociais, pois ali o uso da racionalidade se confronta permanentemente com a impossibilidade de manter uma distância absoluta em relação a nós mesmos. Norbert Elias insistiu muito nesse ponto em seus grandes livros de sociologia, mas esse é um aspecto de nosso comportamento que tendemos sempre a "esquecer" com a esperança de sermos práticos e eficazes.

É muito mais fácil manter essa distância no estudo de uma molécula química ou da física dos materiais que nos estudo dos "objetos" sociais (pobreza, coesão social, cultura, etc.). A solução de facilidade consistiria em supor que é possível ajustar o conhecimento do mundo sócio-histórico humano ao modelo (o paradigma) das ciências da natureza (física, química, matemática, biologia molecular) para chegar assim a conhecimentos tão confiáveis como os que possuímos sobre os metais, os fluidos ou os átomos. No passado, certos regimes imaginaram que poderiam utilizar esse tipo de procedimento e de teorias: além do fiasco patente, isso os conduziu a atrocidades que ninguém deseja rever. Os seres humanos não são partículas definidas materialmente, não podemos estudá-los como cobaias, nem conduzi-los como um rebanho.

A informação como relação dinâmica

Se existe um segredo dos fenômenos sociais, ele não reside verdadeiramente nem no nosso corpo e nem tampouco no nosso cérebro **considerados isoladamente**, mas na complexidade de relações que nos permitem existir como seres humanos, relações em que estamos sempre mais ou menos engajados, consciente ou inconscientemente, e dentro das quais perseguimos objetivos e estabelecemos estratégias.

Mas vamos voltar ao nosso título. Por que a informação não existe?

Simplesmente porque ela própria tem um modo de existência tão enigmático quanto o do exemplo no âmbito da música. Esse enigma se revela quando se tenta definir uma informação (embora se trate de uma palavra de uso corrente).

A partir do momento em que nos aprofundamos nessa pergunta, percebemos que na nossa vida cotidiana somos dominados por uma ilusão "realista" ou "empiricista" (a informação é "depositada" fora de nós e só precisamos retê-la) que, por sua vez, é reforçada por um tipo de ideologia "tecnicista" oriunda do uso generalizado de tecnologias da informação (por exemplo: graças à Internet, temos acesso a todas as informações).

Aliás, qualquer um pode fazer um teste simples pedindo às pessoas do seu entorno uma definição breve de informação: em geral as respostas giram em torno do conceito de "*data*", de "dado". Essa "ideologia espontânea" ou "existencial" não tem nada de repreensível na vida cotidiana: nessa vida, posso dizer todos os dias que "o sol se levanta" ou "se põe" (o que é um absurdo científico e real) sem que isso cause o menor transtorno. Nessa vida, posso acreditar também que "encontro" a informação nos jornais, no rádio ou na televisão.

Mas, se desejo conhecer a economia do setor cultural, posso perceber de repente que é impossível encontrar a informação indispensável ou, pior ainda, que a informação que encontro responde a hipóteses ou pressupostos intelectuais contestáveis e às vezes partidários. O problema, sem dúvida, é que na maioria das vezes esses pressupostos ou essas hipóteses se apresentam como os únicos razoáveis. E se eu não estiver de acordo? E se puder contrapor hipóteses igualmente razoáveis?

Descubro então que uma informação tão "objetiva" como uma mesa ou uma cadeira não existe, e que ela é, por natureza, o resultado de uma relação dinâmica entre as hipóteses que formulo sobre a lógica do real e a exploração desse real. Ela é uma construção que não tem um valor "em si", mas é sempre relativa a "objetivos" e métodos de construção.

É comum pensarmos que a informação está objetivamente "fora de nós", mas são nossos desejos, estratégias, objetivos e métodos que a produzem. De fato, a estrutura de "reconhecimento" da informação está **em nós (nossos sistemas de representação, estratégias, nossos objetivos, nossos paradigmas de conhecimento)**. É para justificá-los (consciente ou inconscientemente) que muitas vezes declaramos ter encontrado "no real" as "informações" que os legitimam. Temos amostras dessa atitude em todos os setores da vida social e até no procedimento de muitos tomadores de decisões. Como vivemos com esses sistemas de representação e, de certo modo, eles fazem parte de nós, constatamos com freqüência a que ponto o que chamamos de "informação" é muito mais uma **projeção de nosso interior** do que uma "descoberta" no mundo real.

A própria etimologia da palavra "informação" nos conduz a essa conclusão: "informação" vem do latim "informare" que significa "dar uma forma a". Portanto, a informação é o resultado de um processo ativo cujo momento essencial está **em nós**, em nossas hipóteses e nos objetivos que perseguimos. Não encontramos uma informação "por acaso", mas a encontramos porque nossas estruturas intelectuais e as estratégias que adotamos reconhecem no real um elemento interessante para elas e que chamaremos agora de "informação", porque lhe damos essa forma e essa função.

Nesse mecanismo de produção de informação, vemos claramente o quanto somos **sempre ativos e responsáveis**, mas nem sempre temos consciência disso. Vemos também como é difícil manter uma distância crítica em face das "informações" que nos são apresentadas todos os dias em diferentes âmbitos, sejam eles econômicos, políticos ou sociais. Pois, é impossível fazer uma crítica racional se a construção dessas informações não for presidida de estratégias e métodos precisos.

Isso explica porque aquilo que pode ser uma informação para nós não o será para outra pessoa, e porque as análises do "real" são tão divergentes às vezes. Explica igualmente, entre outros, os chamados fenômenos de "manipulação". Manipular alguém não é enganá-lo (por exemplo: dizer que é noite ao meio-dia). Ao contrário, manipular alguém é colocar bem debaixo do seu nariz uma **confirmação de seu sistema de representação interna** para que ele aja no sentido que desejamos. É saber **o que é uma informação interessante para ele** (trata-se de um fenômeno conhecido e que entra na categoria da **legitimação**: muitos "consultores" adotam essa atitude e enviam aos "tomadores de decisões" o que esses últimos querem ouvir).

O processo científico tenta evitar esse conjunto de armadilhas

As características de uma observação válida dos fenômenos da economia cultural decorrem logicamente da natureza relacional da informação e, portanto, são estruturadas de modo a "afastar" do processo de construção informacional o máximo de "parasitismos" subjetivos e partidários. Isso não significa que ela sempre consiga isso plenamente, mas só o fato de ter esse objetivo em mente o tempo todo possibilita, de modo geral, que os "observadores científicos" tenham mais prudência e rigor do que se pode constatar no dia-a-dia. Essa prudência e esse rigor explicam a insistência dos cientistas sobre as questões de método e sobre a explicitação dos objetivos e das hipóteses de trabalho.

2. Observação: um processo crítico e autocrítico

Uma observação digna desse nome não se pode fundamentar em nenhum dos critérios que utilizamos em nossa vida cotidiana, visto que seu objetivo é, justamente, nos ajudar a tomar distância de nossas formas habituais de conhecimento prático. Em seu livro, *A Formação do Espírito Científico*, que se tornou um clássico, Gaston Bachelard ressalta as diferenças entre a problemática da produção dos conhecimentos científicos e a forma "comum" do saber (crenças, desejos, opiniões):

- o conhecimento científico não pode se fundar na opinião: não é porque tenho este ou aquele sentimento, que "eu" penso isto ou aquilo, que ele se tornará uma verdade geral;
- o conhecimento científico não pode levar em conta uma opinião porque é a da "maioria" das pessoas; o fato de todos acreditarem que uma coisa é verdadeira não é uma prova científica;
- o conhecimento científico não pode se fundamentar nos sentidos: o que vemos, ouvimos ou tocamos não é um critério de conhecimento;
- o conhecimento científico não crê em "fatos" brutos e em dados; deve construí-los para analisá-los cientificamente;
- o conhecimento científico não se interessa pela *variedade*, mas pela *variação*; quando constrói seus objetos de estudos pode quantificá-los e medir suas evoluções.

O conjunto das recomendações de Bachelard nos ajuda a entender melhor porque o procedimento científico é tão prudente (um cientista dirá com freqüência "não sei", ao contrário do ideólogo, que em geral sabe tudo sobre tudo) e tão limitado (totalmente ao contrário das ideologias que são explicações gerais do mundo).

Evidentemente, como já salientamos, da mesma maneira que a economia ou a sociologia, as ciências sociais trabalham sobre as relações dos seres humanos entre si. Não podem construir experiências de laboratório (a experiência de Milgram sobre a submissão à autoridade é realmente uma exceção), nem forçar homens e mulheres desta ou daquela sociedade a se enquadrarem obrigatoriamente em suas metodologias.

Não podem tampouco se apoiar em leis válidas para o conjunto do planeta (como as que regem a gravidade ou a velocidade, por exemplo). Por isso, são obrigadas a aplicar uma metodologia particular de observação dos fenômenos. Essa metodologia é a **pesquisa.**

Portanto, **observar** para as ciências sociais **não é olhar**, mas desenvolver o melhor dispositivo de pesquisa possível. E o melhor dispositivo de pesquisa é o que **pergunta** e **se pergunta,** insistentemente, antes de dar início aos trabalhos efetivos. Quais são essas perguntas?

Tomemos um exemplo em economia da cultura para ilustrar nossa afirmação. Imaginemos que eu receba um pedido de um organismo que deseja ter informações econômicas confiáveis sobre o setor do **espetáculo vivo (teatro, dança, música, etc.).**

1) De modo geral, o "pedido" de informações e seu financiamento emana de um organismo público (um ministério, por exemplo) ou privado (uma fundação, uma associação profissional, etc.). A primeira questão é saber quais são os objetivos e as preocupações desse organismo e de seus tomadores de decisões. Que informações exatamente pretendem obter? Com que objetivos? As respostas a essas perguntas são essenciais, pois elas vão direcionar todo o processo e influir nas metodologias usadas. Podem inclusive ser determinantes para a existência ou não da pesquisa: por exemplo, se o objetivo é mera legitimação de decisões já tomadas, estou numa situação difícil, como cientista, em termos deontológicos.

2) Se as respostas a essas primeiras perguntas são satisfatórias, devo traduzi-las em termos de objetivos de pesquisa, ou seja, estabelecer os principais eixos de pesquisa que vão constituir a hierarquia operacional das questões que terei de resolver.

3) A cada grande questão, deverei atribuir um coeficiente de "viabilidade" prática, por meio de uma pesquisa preliminar sobre a documentação já realizada (outras pesquisas) e as fontes existentes (estatísticas públicas, profissionais, etc.). Essa pesquisa preliminar é determinante para minha pesquisa: ela pode demonstrar que o problema já foi tratado, que foi "mal tratado", que não foi nada tratado, que as fontes são incompletas, inexistentes sobre certos pontos, etc. Pode, portanto, levar-me a rever inteiramente as primeiras idéias que tinha sobre a estrutura do trabalho a ser feito. Assim, em alguns casos, tenho de retornar à etapa 1, portanto, e rediscutir com o tomador de decisões a necessidade de modificar os objetivos da pesquisa (estudo mais modesto, mais ambicioso, etc.)

Nessas três primeiras etapas do dispositivo de observação, fica muito claro que mesmo o ritmo de implementação da pesquisa é **variável**. Ele é determinado sobretudo pelos objetivos do conhecimento e, ao mesmo tempo, pela informação real de que disponho e pela capacidade prática (a viabilidade) de responder às perguntas que faço. Por isso, a pesquisa tem pouco a ver com um dispositivo de experiência em laboratório: **ela aborda, antes de mais nada, minhas relações com um real complexo desde o princípio** (o tomador de decisões e sua estratégia, a qualidade dos trabalhos já realizados, o valor das fontes disponíveis) que devo "ponderar".

Essa três primeiras etapas vão determinar em grande medida as ambições que posso fixar em meu trabalho (que é determinado também pelo fator "tempo" e pelos prazos estipulados pelo cliente que encomendou), assim como nas etapas seguintes da pesquisa.

4) Imaginemos que, depois de examinar todas as limitações da pesquisa, fosse possível decidir que o principal objeto sobre o qual seria possível e desejável trabalhar é a economia do setor teatral. Essa questão também deverá ser segmentada em várias indagações, e cada uma delas poderá merecer um tratamento específico (economia de estabelecimentos públicos e privados, vida econômica de artistas, vida econômica das outras profissões, por exemplo). Para cada uma dessas indagações particulares, serei obrigado a proceder a **uma padronização teórica** dos objetos a serem estudados. Uma padronização é a redução de um objeto real a seus aspectos pertinentes **para a pesquisa**. Exemplo: trabalhar sobre a economia das salas de teatro de modo realista no prazo estipulado talvez me leve a limitar meu trabalho de pesquisa a salas com menos de 250 lugares. A "capacidade" passará a ser um dos aspectos pertinentes do meu modelo, isto é, um meio de seleção do meu objeto de trabalho. Assim, posso ir refinando meu modelo de critério em critério (exemplo imaginário: tomarei como modelo os teatros de no mínimo 250 lugares, funcionando no mínimo 10 meses por ano, com uma equipe permanente e com estrutura para garantir no mínimo 100 representações por ano, etc.). Essa operação de padronização é muito importante; por um lado, fornece o alvo de minhas questões (um alvo preciso, bem definido), fixa a extensão da pesquisa; por outro, estabelece seus limites assim como os limites das informações que poderei construir. Pois, na medida em que disponho de um "objeto de pensamento" (o modelo) preciso, construo um objeto de pesquisa realista, mas me proíbo de dizer que as informações que vou produzir serão válidas para todos os teatros. Sei de antemão que será necessária outra pesquisa para poder examinar esse ponto (estender meus o resultados a todos os teatros). Portanto, a operação de padronização é ao mesmo tempo **produtiva** (me permitirá produzir uma informação confiável) e **restritiva** (exclui uma grande parte do real).

5) Após a etapa de padronização teórica vem a da **padronização prática**. De fato, imaginamos que meu modelo dos teatros representa 1.000 instituições em meu país. Como fazer, tanto em relação ao orçamento quanto ao prazo, para fazer uma pesquisa completa de uma "população" tão ampla? Serei

obrigado então a constituir uma amostra representativa estatisticamente desses 1.000 teatros (isto é entre 20% e 30% dessa população), verificando com atenção se a amostra é também bastante representativa das características da vida teatral nesse território (ela terá que abranger salas da capital federal, das capitais dos Estados, de cidades de mais de 200.000 habitantes, cidades de menos de 200.000 habitantes, etc.). Nessa amostra, trabalharei mediante questionários, pesquisa de campo (entrevistas), estudo de freqüência, receitas, subvenções, etc. Em suma, vou aplicar ao meu modelo prático uma metodologia de coleta e informações básicas para depois construir a informação econômica do setor que defini inicialmente.

6) A construção da informação econômica será a conclusão de meu trabalho. Ela consiste fundamentalmente em uma interpretação dos resultados de pesquisa. Igualmente fundamental aqui é que a questão da informação recobra toda sua complexidade. De fato, de acordo com minhas hipóteses sobre o funcionamento econômico "normal", posso tirar conclusões completamente opostas de minha pesquisa (posso dizer, por exemplo, que há teatros demais e que só os que vão bem deveriam ser subvencionados, mas posso também dizer o contrário, mostrando que é possível e rentável aumentar a freqüência mediante políticas tarifárias aliadas a uma educação artística ofensiva, etc., etc.). Mas se minha pesquisa foi bem conduzida, o ideal é, justamente, que ela provoque um debate entre "escolas econômicas divergentes". Em primeiro lugar, porque isso significaria que seus resultados são confiáveis, em segundo lugar, porque muitas vezes o debate nos dá pistas de ações plurais sem enclausurar tomadores de decisões e cidadãos em uma visão unilateral.

Esse detalhamento aproximativo do desenrolar de uma pesquisa demonstra que nos encontramos aqui em um espaço sobretudo crítico e autocrítico.

Crítico, porque a pesquisa deve necessariamente reformular a demanda dos tomadores de decisões em termos de viabilidade científica e operacional; crítico, porque ela deve avaliar os resultados existentes e as fontes disponíveis; crítico, porque sua metodologia concreta preserva-a ao máximo do subjetivismo das opiniões de uns e outros.

Autocrítico, porque a construção de seus modelos impede que a pesquisa declare seu valor como geral: a validade das informações produzidas não pode com todo rigor ultrapassar o círculo do objeto definido; autocrítico, pois ela deve ser capaz de descrever e de defender a metodologia aplicada para estudar o campo; autocrítico, enfim, porque desde que seus resultados tenham sido corretamente elaborados e apresentados, eles podem servir de base para um verdadeiro debate e indicar pistas de ações que talvez não sejam as que os autores da pesquisa prefeririam.

Esse valor autocrítico da observação, da elaboração dessas questões e da construção de seus modelos é extremamente importante. Ele nos indica, de fato, que a informação, a que chegamos ao final da observação, tem realmente uma validade, mas uma **validade relativa** (relacionada a atos de padronização e ao método), uma **validade limitada** (não vale para todo o real), uma **validade transitória** (o real estudado se modificará). As sociedades e as relações humanas evoluem mais "rapidamente" que as estruturas da matéria ou a física das estrelas. Por isso, a pesquisa em ciências sociais deve sempre estar pronta para questionar seus modelos, seus métodos de indagação e suas hipóteses de interpretação.

Isso explica porque, ao contrário da ideologia ou da crença que afirma a eternidade e a generalidade de suas "verdades" e busca em todos os sinais do mundo a justificativa de seus princípios, o discurso científico é sempre um discurso modesto, muito preciso e relativo.

Ele impede os "transbordamentos", enquanto a "ideologia não tem bordas", como disse muito bem Isabelle Stengers. O procedimento científico conhece seus limites e os reafirma insistentemente, toda vez que é muito "solicitado" a ultrapassá-los nos debates da sociedade. Os "não sei" ou os "desde que" dos cientistas são frustrantes muitas vezes, porém, quando associados ao processo de produção de uma informação confiável, compreende-se que são apelos à nossa inteligência, à nossa responsabilidade, e que sua modéstia contém a possibilidade de uma eficácia maior que a das grandes afirmações categóricas.

Principais etapas de uma observação quantitativa

a) Encomenda: emana de um tomador de decisões; deve explicitar os objetivos da observação (por quê?), as principais informações desejadas (o quê?), o uso que lhe é destinado (para quê?), os meios (prazos, orçamentos);

b) tradução da encomenda em questões adaptadas à observação (passagem da demanda "política" ao universo "científico"; primeiro "caderno de tarefas" sobre a viabilidade da pesquisa;

c) balanço do que se dispõe (dados existentes, documentação, fontes úteis) e sua avaliação em termos de viabilidade;

d) confirmação da viabilidade ou "reformulação" das pretensões da encomenda inicial;

e) elaboração dos "modelos teóricos" dos objetos que será possível analisar nos prazos e com os meios fixados (aspectos pertinentes, hierarquia desses aspectos, etc.)

f) elaboração dos "modelos práticos" (ou "operacionais") e da metodologia de trabalho: amostras representativas, modos de contato, tipos de questionários, conteúdos dos questionários, fases da pesquisa...

g) início da pesquisa;

h) resultados e interpretações dos resultados em relação aos objetivos operacionais estabelecidos após a análise da viabilidade, validação ou crítica dos modelos e da metodologia, abertura de pistas para outras explorações;

i) apresentação e discussão dos resultados obtidos.

De um modo geral, esse tipo de pesquisa é desenvolvido sob a direção de um "comitê de pilotagem" que se reúne pelo menos três vezes durante as etapas críticas: a) encomenda, d) viabilidade e i) apresentação e discussão dos resultados.

3. Pequena simulação de um programa de observação em economia cultural

O que desejam os tomadores de decisões culturais, os profissionais da cultura e, de maneira mais geral, todos os cidadãos que consideram o desenvolvimento da cultura como um objetivo importante para o futuro de nossas sociedades? Dispor de conhecimentos, de informações confiáveis, de indicadores, enfim, de elementos que possibilitem a decisão, a pilotagem e o debate público em bases claras. Essa demanda é particularmente importante em economia. A única maneira coerente de satisfazê-la é dispor de um sistema de observação capaz de abarcar os grandes campos de questões e capaz de dar origem a um verdadeiro sistema de informação.

Não se cria um sistema desse tipo em um dia, nem em cem. Ele só pode ser o resultado de uma vontade estratégica a longo prazo que permita aliar a pertinência das ações a uma alocação de meios financeiros ou humanos adequados. Não custa sonhar: imaginemos que temos essa vontade e esses meios... Por onde seria preciso começar para ver tudo mais claro na economia do setor cultural? Como projetar as etapas ideais de uma observação econômica contínua?

Primeira etapa: as grandes observações de enquadramento

Essa etapa poderia ser chamada de "observação macroeconômica" do setor cultural. Trata-se aqui de dispor das grandes informações estruturais; para determinar que observações exatamente essa macroeconomia requer, basta se perguntar sobre qualquer outro ramo de atividade (automobilístico, químico, petrolífero, têxtil, etc.): de que informações necessitamos sobre essas atividades para ter uma idéia da importância de cada uma. De imediato, impõem-se questões: as necessidades de capitais (investimento), o tamanho dos mercados examinados (vendas e montante de negócios), o emprego que representam essas atividades, as lógicas operadas nas evoluções desses ramos (população das empresas, concentrações, nichos, especializações, etc.).

Podemos perfeitamente raciocinar da mesma maneira para pensar os grandes fluxos financeiros e os grandes estoques do setor cultural. Por isso, entre as grandes pesquisas que permitem dispor de uma "informação pano de fundo", podemos citar de antemão as seguintes: pesquisa sobre os financiamentos públicos e privados do setor cultural, pesquisa sobre os consumos culturais dos domicílios, pesquisa sobre o emprego cultural, pesquisa sobre a população das indústrias culturais. Todos esses temas de pesquisa parecem simples, mas quando os examinamos de perto e desejamos passar para a fase prática da exploração, percebemos que todos envolvem enormes dificuldades estratégicas e metodológicas.

Tomemos alguns exemplos para que se compreenda melhor.

- **Pesquisa sobre os financiamentos:** só o exame dos financiamentos públicos já comporta inúmeras dificuldades. É preciso ser capaz de trabalhar sobre os financiamentos federais, os financiamentos dos estados e os financiamentos municipais. No México, há apenas um Estado Federal (aparentemente, é simples), 31 Estados (também é simples), mas dezenas de milhares de municípios. Cada nível da organização administrativa e política deverá ser submetido a um tratamento metodológico específico. Para o Estado federal, os financiamentos culturais não dependem apenas de Conaculta, pois há outras estruturas administrativas igualmente atuantes: a educação, o comércio exterior, a defesa, o turismo, etc. É preciso contabilizar tudo para conhecer os financiamentos públicos federais. A mesma operação de consolidação deve ser feita para os diferentes Estados mexicanos. Por último, dada sua quantidade, o trabalho sobre os municípios deve se concentrar nas grandes metrópoles (México, Monterrey, Veracruz, Guadalajara, Puebla, etc.) e em uma amostra estatística coerente de cidades menores. Como não se trata aqui de declarações de intenção, mas de financiamentos reais, é preciso examinar orçamentos executados, o que requer necessariamente uma análise das contas públicas. Como se vê, a pesquisa pode se deparar com muitas dificuldades: é simultaneamente uma pesquisa "contábil" e uma pesquisa cultural sobre a destinação dos financiamentos. Para ser factível, supõe um sólido apoio político e administrativo em todas as etapas. Na França, onde é realizada regularmente, essa pesquisa leva sempre mais de dois anos.

• **Pesquisa sobre o emprego cultural:** aqui, mais uma vez, as dificuldades não são poucas. Um dos maiores problemas é o da definição do emprego cultural. Se perguntarmos "quem vive da cultura?", a resposta será imediata: os artistas. Certo, mas quem mais? Prontamente, serão relacionados os técnicos do espetáculo e do cinema, os docentes das disciplinas artísticas, os bibliotecários, etc., etc. O primeiro problema no estudo do emprego é a definição de uma nomenclatura consolidada (quem está "dentro"?). Quando a Comunidade Européia tentou realizar os primeiros trabalhos sobre o emprego cultural na Europa (quinze países, na época), constatou-se que nenhum dos quinze usava a mesma nomenclatura, e que todos as cifras divulgadas anteriormente não tinham nenhuma comparabilidade possível. Hoje, se a CE pode anunciar que existem 2,5 milhões de trabalhadores da cultura na Europa, é porque, durante cinco anos, foi feito um trabalho exaustivo de harmonização da nomenclatura que facilitou a contagem. Nesse tipo de pesquisa, a colaboração com o órgão de estatística federal é absolutamente indispensável por duas razões: primeiro, porque uma exploração do emprego cultural só pode ser feita com base em pesquisas sobre o emprego geral (como um tratamento secundário, pois de outro modo custaria uma fortuna!); segundo, porque a manutenção e a repetição dessa pesquisa supõe o uso de ferramentas informáticas e bases de dados idênticas às do instituto de estatísticas federal (senão o investimento se perderia rapidamente). Também nesse caso, o apoio estratégico e administrativo a longo prazo é indispensável.

Podemos fazer observações sobre outros temas, e encontraremos sempre as mesmas dificuldades práticas e metodológicas. A pesquisa sobre os consumos culturais dos domicílios também pressupõe uma definição do objeto estudado (variou muito no tempo, varia de acordo com o país) e uma forte cooperação com os órgãos de estatísticas. A pesquisa sobre as indústrias culturais (sua demografia, suas atividades, sua movimentação de negócios, etc.) implica, por sua vez, não apenas uma forte cooperação estatística, mas também a cooperação de instituições como o Ministério do Comércio ou ainda as câmaras patronais de indústrias.

Em princípio, o conjunto desses estudos deveria fornecer as grandes informações e indicadores de enquadramento que permitissem uma visão macroeconômica do setor cultural.

Mas, evidentemente, tudo isso está longe de ser suficiente.

Segunda etapa: pesquisas de setores, pesquisas estratégicas

Trata-se aqui de entrar mais diretamente no estudo pontual do espetáculo vivo, mas também na economia do patrimônio e de sua valorização, das bibliotecas, etc. A partir de grandes estudos de enquadramento amplo que proporcionam referências médias, o estudo monográfico dos setores específicos do emprego cultural (atores, músicos, bailarinos, empregos patrimoniais) fornece indicadores mais pontuais de pilotagem de ações políticas e de apoios necessários.

Além disso, esses estudos setoriais permitem uma pilotagem mais pontual e mais adequada dos setores, fornecem as ferramentas básicas de arbitragens e geralmente proporcionam uma coordenação dos esforços mais satisfatória, particularmente em uma dimensão territorial em que intervêm vários parceiros públicos.

No âmbito das indústrias culturais e de sua economia, serão examinados os impactos das novas tecnologias, as lógicas operadas nas diferentes escalas, a população das pequenas empresas (situação financeira, gestão, qualificações profissionais, ciclos de vida, etc.), as evoluções do problema dos direitos autorais e da economia específica destes últimos (direitos semelhantes e direitos derivados), assim como seu peso global.

Aqui, igualmente, não se devem esquecer os aspectos territoriais: a geografia econômica das indústrias culturais no México não é uma informação supérflua; graças a ela, é possível direcionar melhor as intervenções, promover parcerias para criar "pólos de excelência" (escalas regionais, por exemplo), e assim dinamizar duplamente a malha industrial em todo país, do lado do emprego e do lado da contribuição econômica da cultura.

De maneira mais geral, é aqui que se deveria tentar desenvolver os estudos de impacto econômico do setor cultural sobre os outros setores. Como assinalamos no início desta obra, é preciso ter prudência para avançar nesse campo. No entanto, bons estudos de impacto, aliados a uma boa visão econômica do setor cultural, especificamente, deveriam possibilitar um avanço em direção a pesquisas interessantes sobre a eficácia dos gastos públicos com a cultura, que são estratégicas para a defesa e a melhoria dos orçamentos culturais e da continuidade das administrações encarregadas desse setor.

Na democracia, é um direito, um hábito e até uma mania criticar as administrações e, particularmente, as administrações culturais. Tudo bem, mas não se deve esquecer que elas também são um ator fundamental do setor e que sem elas não haveria nenhuma estrutura para sustentar o setor no Estado. É necessário melhorá-las e apoiá-las. Qualquer resultado de pesquisa que demonstre a eficácia econômica dos financiamentos públicos irá nessa direção estratégica.

Pode-se dizer exatamente o mesmo dos trabalhos sobre os direitos autorais, que são estratégicos não só para explicar a economia da criação, mas também para revelar as questões que estão por trás do debate direitos autorais/*copyright*, como vimos anteriormente.

Terceira etapa: pesquisas sobre objetos "individuais"

Quando já se dispõe de informações de enquadramento e de setor estáveis, e já se conhecem as grandes lógicas econômicas, tem-se o "pano de fundo", o *background informacional* indispensável que tornará interessantes e produtivas pesquisas muito localizadas.

O fato de trabalhar sobre a economia deste ou daquele teatro particular, deste ou daquele grande estabelecimento específico (a grande biblioteca inaugurada recentemente no México, por exemplo, ou ainda o Museu de Antropologia) nos permitirá não só fazer uma exploração "individual", como também as hipóteses elaboradas ao longo das grandes pesquisas de enquadramento e de setor. Será possível então determinar para cada "objeto individual" os elementos *transversais* comuns aos outros objetos e os elementos *específicos* pertencentes somente a ele. Assim, o procedimento pode identificar com mais facilidade os elementos suscetíveis de uma medida aceitável (já que são mensuráveis a partir de uma escala comum) e aqueles que devem ser manipulados com mais "precauções", pois sua avaliação qualitativa é fundamental para entendê-los bem.

É possível, por exemplo, estudar um teatro a partir das informações de setor sobre capacidade, os preços médios das entradas e a estrutura das equipes permanentes. Mas, a sua localização (base populacional, concorrência territorial com outras estruturas, etc.), a programação artística específica, a estratégia de comunicação e de tarifação, a escolha de ser apenas uma sala de teatro ou um local de atividades permanentes e diversificadas serão especificidades da análise.

Em contrapartida, cada exploração individual poderá nos fornecer, ao mesmo tempo, regras de análise cada vez mais pontuais para os outros objetos e, talvez, levar a um aprimoramento de nossas hipóteses e de nossos conhecimentos de setor e de enquadramento.

Essas três etapas "ideais" de observação econômica correspondem a um esquema racional, que vincula entre si os níveis da macroeconomia, da mesoeconomia e da microeconomia. Infelizmente, a realidade nem sempre é "racional" como os planos que engenhamos, e na maioria das vezes, a observação é obrigada a estender-se para além da bela lógica que acabamos de descrever. Essa realidade explica porque é tão difícil normalmente tirar o máximo de informações úteis de um estudo, com exceção de alguns pontos fortes.

Isso explica também as dificuldades encontradas quando se deseja construir **indicadores**, pois, como veremos, é justamente a posse dos três níveis de informação, macro, meso e micro, que permite sua melhor elaboração.

• **Indicadores: problemática geral, métodos, tipos, limites**

O problema dos indicadores é um dos mais debatidos atualmente e, a nosso ver, um dos mais obscurecidos por questões "técnicas" que se colocam logo de início sobre eles. Mas achamos mais interessante abordá-lo da perspectiva de seu uso e de sua utilidade, antes de tratar dos aspectos técnicos que, como veremos, nos reconduzem à discussão anterior sobre a informação e a observação.

• **Indicadores: estratégia e objetivos, interpretação, ação**

O que é um indicador? É um **sinal** que, em um contexto determinado, remete a outra coisa no quadro das regularidades conhecidas. Desde que os seres humanos inventaram as linguagens simbólicas, eles utilizam múltiplos objetos, acontecimentos ou números como indicadores e são capazes de construí-los.

Na Antigüidade, por exemplo, os homens viviam em um *contexto mágico*. Nesse contexto, certos acontecimentos eram interpretados como *indicadores* da boa ou má vontade dos deuses (uma guerra perdida, a fome, um sismo, a seca, etc.). Em geral, tudo era um sinal dos deuses, mas os acontecimentos particulares que rompiam as regularidades conhecidas funcionavam como sinais particulares, indicadores, levando a uma ação específica (um sacrifício, etc.) para restabelecer a ordem. As diferentes mitologias e a própria Bíblia contêm inúmeros exemplos desse tipo. E justamente porque o objetivo da vida era manter o estado de ordem do mundo (desejado pelos deuses), um acontecimento "anormal" podia se tornar um indicador interpretável no sentido positivo ou negativo.

> **A existência de um indicador supõe, portanto: 1) um objetivo humano, ou seja, uma estratégia que se expresse em objetivos, 2) regularidades conhecidas, 3) a capacidade de interpretar a "mensagem" do indicador, 4) a capacidade de reagir a essa mensagem em função da estratégia que se tem.**

Se não houver esses quatro elementos, é totalmente inútil querer construir indicadores. O filósofo latino Sêneca já manifestava isso no primeiro século antes de J. C., ao escrever: "Não há vento favorável para aquele que não tem porto", o que significa: "não adianta nada saber de onde vem o vento se a pessoa não sabe para onde quer ir"!

O mundo agrícola, por exemplo, conseguiu desenvolver uma sabedoria muito antiga dos indicadores a partir de uma experiência secular acumulada, experiência que se descobre hoje, nos procedimentos do desenvolvimento agrícola estável.

Exemplo: durante muito tempo, os agricultores foram estimulados à produção intensiva, particularmente mediante o uso de produtos químicos para proteger os vinhedos. É fácil de entender que a *estratégia* central de um vinicultor seja obter a melhor colheita, e que, nessa perspectiva, *um de seus objetivos* seja protegê-la das doenças. Como fazer quando se deseja diminuir o uso de produtos químicos? Os vinicultores do sul da França recorreram a uma "receita" muito antiga. Hoje, no vale do Rhone, encontram-se certos vinhedos onde também há algumas *roseiras* plantadas. Por quê? Porque se sabe há muito tempo que as roseiras sofrem das mesmas doenças que as vinhas, mas são *afetadas gravemente bem mais rápido que elas*. Logo, as roseiras se tornaram *indicadores avançados* de uma doença da vinha; e quando se percebe que foram afetadas, ainda é possível agir na vinha para protegê-la. Com isso reduziu-se bastante o uso dos produtos químicos de proteção, e em alguns casos, tornou-se inclusive desnecessário, enquanto no passado se fez tudo para estimular os agricultores a empregá-los mecanicamente e sem discernimento.

O mundo econômico clássico também conhece esse tipo de procedimento. Por exemplo, para ter uma idéia da atividade futura de diversos países, os gestores econômicos observam *a indústria da embalagem* como um indicador avançado da atividade geral. Por quê? Porque as outras empresas antecipam suas compras de embalagens antes de poder divulgar seu montante de vendas. Mais uma vez, trata-se de uma estratégia (conhecer a evolução econômica) com objetivos fiscais: conhecimento das regularidades (o funcionamento das encomendas de embalagem), interpretação do indicador, ação sobre os orçamentos públicos, se necessário.

Um indicador é, portanto, um sinal que só *faz sentido* em função dos conhecimentos e das informações que possuímos, e só é útil porque temos objetivos estratégicos pelos quais estamos prontos a agir.

Indicadores: metodologias e tipologias

Não há equivalente às roseiras no mundo sócio-histórico e menos ainda em economia da cultura. Todos os nossos indicadores devem ser construídos. São operações de conhecimento, fundamentadas em informações existentes (já produzidas) ou em informações *a produzir*.

Visto que uma das características da economia cultural é a falta de observação e, conseqüentemente, de informações confiáveis, podemos avaliar a dificuldade de construir e de fornecer rapidamente aos tomadores de decisões e ao debate público os indicadores que eles buscam. Normalmente, o setor cultural tem de se contentar com indicadores tão precários, que é legítimo se perguntar para que servem.

Recentemente, a Unesco divulgou em seus Relatórios sobre a Cultura um indicador de leitura constituído pelo *peso de papel impresso por habitante*. É o caso de se indagar qual a relação que esse "indicador" pode ter com as práticas reais de leitura, do mesmo modo que se pode questionar a relação do PIB por habitante com a análise estratégica da pobreza.

Esse exemplo não deve ser interpretado como uma piada fútil, e sim como a confirmação de que sem um processo real de observação (e faltaram muitas fontes à Unesco), é literalmente impossível, do ponto de vista metodológico, construir indicadores.

Há indicadores muito *simples*, chamados de "indicadores de operação". Trata-se de indicadores descritivos de nossas atividades: fiz 40 ligações telefônicas, escrevi 25 cartas ou e-mails, recebi 15 pessoas em meu escritório, fiz 10 visitas, etc., etc. Com esses dados, posso calcular médias diárias, mensais, anuais, etc., mas isso não ajuda muito a compreender a atividade.

Ao contrário, as coisas ficam mais interessantes quando consigo estabelecer uma relação entre meus indicadores operacionais (ou de atividade) e os "indicadores de resultados". Por exemplo, se sou um vendedor posso constatar, depois de algum tempo, que tenho que fazer "em média" 9 visitas para realizar 3 vendas. Ao constatar uma regularidade, obtenho um indicador de eficácia em uma relação de 1 para 3 (em média); o indicador me ajudará então a entender que se minhas vendas forem insuficientes para viver, preciso aumentar meu número de visitas, etc. Esse indicador não é mais um indicador simples, mas um *indicador composto*.

Ele é constituído, na verdade, por dois conhecimentos consolidados no tempo entre os quais estabeleço uma relação, o da freqüência de visitas e o do número médio de vendas. É essa relação que possibilita a pilotagem e, portanto, é a ela que deve dar mais atenção ao construir indicadores complexos ou compostos.

Esse indicador composto chamado "de resultado" pode me fornecer outro indicador chamado "de eficácia" se eu conseguir estabelecer a relação comparativa entre meu indicador de resultado e o de outros vendedores. Se percebo que todos os outros efetuam 1 venda em média a cada 2 visitas, deduzo então que *para chegar ao nível médio dos outros* (objetivo), devo refletir menos sobre o número do que sobre a qualidade de minhas visitas e melhorá-las. Assim, pensarei em termos de indicador *de eficácia*.

Mas posso descobrir também que, mesmo vendendo mais do que eu, meus concorrentes despendem mais recursos para efetuar 1 venda a cada 2 visitas do que eu para fazer somente 1 a cada 3. Portanto, estabelecerei aqui uma relação entre meus resultados e minha eficácia com meu consumo de recursos (o custo das vendas) para produzir um indicador de *eficiência* que será muito útil para controlar meus gastos e justificar meu comportamento comercial perante meus superiores, por exemplo.

A pilotagem das políticas públicas, a gestão das instituições culturais, as práticas de avaliação, o debate público democrático requerem indicadores confiáveis ao longo de toda a cadeia que acabamos de descrever: indicadores de operações, de resultados, de eficácia e de eficiência.

Quanto maior é a ambição de uma pilotagem eficaz e de um uso racional da decisão, mais os indicadores permitem satisfazer essa ambição tornando-se indicadores compostos, constituídos de informações complexas. E a relação que une os diferentes elementos do indicador (que chamamos de *agregados*) deve ser bem pensada para que ele seja eficaz.

Resta ainda um problema a ser examinado: como passar da informação produzida pelas pesquisas para a concepção dos indicadores?

Da informação ao indicador

No âmbito da economia cultural, por ser muito recente e ainda mal organizada no que se refere à informação, cada nível de observação que descrevemos poderia fornecer indicadores interessantes para uma estratégia de desenvolvimento positivo do setor cultural. Como isso pode ser feito concretamente? Os exemplos que usaremos são imaginários, mas ajudarão a elucidar nossos argumentos.

Exemplo n. 1: o emprego cultural

Vamos imaginar que conseguimos fazer uma observação completa do emprego cultural no país que nos interessa (o México, por exemplo). Estabelecemos uma nomenclatura dos empregos, obtivemos a colaboração dos órgãos de estatística, trabalhamos durante dois anos e chegamos a uma cifra de 800.000 empregos, detalhados por especialidades, sexo, idade, diplomas, localização, etc. (em equivalente "tempo integral" – ETP). A partir desses resultados, podemos desencadear várias operações internas e externas.

Operações internas: quantificar a porcentagem de cada "população" da nomenclatura (artistas, administradores, bibliotecários, técnicos da imagem, jornalistas, escritores, arquitetos, *designers*, etc.) em relação à população cultural total. Essa primeira operação nos fornecerá os indicadores simples para o estudo de diferentes atividades ou setores. Eles já podem servir para avaliações de políticas públicas. Por exemplo, pode-se constatar que a falta de bibliotecários qualificados representa um problema para os objetivos da política de leitura, ou que o número muito elevado de gestores culturais em relação ao de artistas indica um desperdício administrativo, ou ainda que o número de atores "jovens", visivelmente mais baixo do que o de "velhos", poderia revelar um desinteresse devido às dificuldades, etc. etc.

Essas porcentagens simples sempre podem ser relacionadas com outras informações e fornecer indicadores de acompanhamento das políticas (apoiar os artistas jovens, investir mais na formação dos bibliotecários, etc.). A localização dos empregos também pode servir de indicador para uma política de planejamento cultural do território destinada a diminuir as desigualdades da oferta cultural...

Operações externas: podemos relacionar a cifra de 800.000 empregos com a população empregada total do México. Essa relação nos fornecerá uma porcentagem (por exemplo, 4%). Com base nessa porcentagem, podemos fazer comparações com outros setores da economia, convertê-las em porcentagens e estabelecer uma escala de comparação.

Muitos tomadores de decisões franceses ficaram surpresos ao saber que o emprego cultural representava mais de 2% da população ativa ocupada no país, ou seja, **o equivalente ao comércio de automóveis**. Essa simples comparação foi muito eficaz para difundir entre os *tomadores de decisões não culturais* a idéia de que era preciso dar atenção às decisões nesse setor. Isso não significa que o crescimento dos empregos do setor seja um fim em si, mas que a transformação da informação em indicador nos conduz da fase de **informação útil** à fase da **informação estratégica,** útil para o debate, a convicção e a justificativa do uso do dinheiro público.

Exemplo n. 2: o setor das indústrias culturais

Se conseguirmos produzir uma verdadeira pesquisa de demografia industrial, disporemos de uma série de informações sobre os setores de atividade das empresas culturais, como tamanho, ciclo de vida, empregos, localização, etc.

Evidentemente, o México não possui nenhuma dessas empresas gigantes que chamamos de "majors" no setor da cultura. No entanto, é bem provável que a pesquisa revele uma infinidade de microempresas e um pequeno grupo de empresas médias. Em geral, a duração de vida das microempresas é de três anos.

Uma das estratégias possíveis seria, por exemplo, promover a constituição de um maior número de empresas médias capazes de consolidar um mercado de dimensões mais amplas, empregos mais perenes e um desenvolvimento das atividades. Assim, a localização das empresas seria um bom indicador para a ação pública, na medida em que parece mais eficaz agir rapidamente em zonas de empresas que já têm uma grande densidade (idéia dos *pólos industriais*). Essa política poderia se fundamentar na análise dos pesos respectivos na pesquisa das diferentes funções (edição/criação, difusão, etc.). Aqui também, o volume de empregos e o montante de negócios poderiam constituir indicadores no diálogo com as administrações financeiras para a implantação de políticas de auxílio e de dinamização.

Exemplo n. 3: pesquisa sobre um estabelecimento

Como dissemos, esse tipo de pesquisa deveria aproveitar indicadores estabelecidos em pesquisas setoriais, mas, evidentemente as especificidades do estabelecimento também podem conduzir a indicadores de gestão internos eficazes. Tomemos o exemplo de um teatro público subvencionado. A pesquisa pode revelar que sua gestão interna pesa 10% a mais do que a média do setor de dimensão comparável. Mas imaginemos agora que esse teatro pôs em prática uma política ofensiva de diversificação de seus públicos, dirigida principalmente aos mais pobres, e que conseguiu demonstrar o êxito dessa estratégia em sua freqüência. Dessa forma, ele provou que o maior investimento na gestão pode parecer excessivo em relação à média setorial, mas, devido à sua localização e à dificuldade de democratizar os públicos, 10% a mais na gestão é o preço a ser pago por uma verdadeira política cultural agressiva. De fato, a capacidade de se situar em relação às médias setoriais pode vir a ser uma verdadeira ferramenta de pilotagem das instituições, assim como uma boa ferramenta de diálogo com os responsáveis pelas finanças.

Além disso, toda instituição cultural pode dispor de indicadores de resultados, de eficácia e de eficiência em âmbitos como o da comunicação, da tarifação e da programação. Na Europa, os estudos realizados sobre os teatros demonstrou a primazia dos indicadores de programação (diversidade dos gêneros, duração dos espetáculos, qualidade das encenações, atores famosos ou não, etc.) sobre os indicadores de tarifações, mas, não se pode afirmar que essa seja uma regra geral.

Em todos os casos relatados aqui, é evidente que a construção de indicadores a partir da informação econômica constitui a passagem de uma informação útil mais ampla a uma informação mais concentrada (o indicador), usada como signo e como sinal (é a idéia dos "painéis de controle" para tomadores de decisões) para uma ação dentro de uma estratégia. O indicador torna-se então ferramenta de diálogo e de gestão, ferramenta de convicção e ferramenta do debate democrático em geral.

Indicadores: ferramentas que exigem paciência e prudência

O uso de indicadores na pilotagem de um estabelecimento cultural, por exemplo, requer uma certa prudência, pois jamais se pode considerá-los como "absolutos".

Exemplo: dirijo um teatro com 500 lugares e a contabilidade da freqüência anual de minha sala indica uma ocupação de 50%, em média, e um déficit de 30% em meu orçamento. Portanto, disponho de um primeiro indicador composto (relação de padronização da freqüência). Se eu interpretar o indicador "toscamente", posso decidir **aumentar** muito o preço das entradas para equilibrar meu orçamento (o que é um de meus objetivos como administrador).

Mas posso também me perguntar se esse indicador não revela falhas na minha comunicação, na minha programação ou na minha política de público. Posso decidir então analisar esses três compartimentos da ação, produzir informação sobre cada um deles (tipologia do público, penetração da comunicação, taxa de satisfação do público) e perceber que devo **baixar** meus preços para aumentar certos públicos, melhorar a comunicação, diversificar a programação. Tudo isso pode exigir mais dinheiro, o que em um primeiro momento aumentaria ainda mais o déficit já constatado. Mas se eu trabalhei bem, posso demonstrar aos meus financiadores (públicos ou privados), mediante os indicadores construídos, que essa perda representa um investimento em três ou quatro anos, para melhorar meu indicador inicial e, portanto, a rentabilidade de minha instituição. **Assim, posso convencer com base em uma estratégia de longo prazo.**

Suponhamos que eu equilibre as contas com uma ocupação de 75% de minha sala, depois de ter diversificado os preços, a programação e melhorado a comunicação. Posso calcular quanto me custa essa "progressão positiva", quanto me custa a "conquista" de um espectador desta ou daquela categoria socioprofissional. Posso, portanto, prever a conformação dos meus orçamentos futuros em função desta ou daquela estratégia de desenvolvimento cultural (por exemplo, conquistar públicos jovens de 18 a 25 anos das camadas pobres da população). **O uso prudente e paciente de indicadores torna-se assim um instrumento de gestão, uma ferramenta de diálogo estruturado, uma ferramenta de previsão e de apoio estratégico.**

Evidentemente, o problema é o consenso a respeito do indicador, e nesse caso, a única base sólida é o rigor da construção e a confiabilidade das informações que o compõem. Um indicador "simpático" mas pouco "consistente" não duraria muito tempo. O inverso também é verdadeiro: um indicador "robusto", mas que exigisse um trabalho de Titã, não teria tampouco vida longa. O mais realista é orientar-se por indicadores simples, facilmente realizáveis e que podem ser seguidos ao longo do tempo. Pois, os indicadores não são fotografias: depois de construídos, somente sua evolução temporal permite tirar deles o máximo de ensinamentos, utilizá-los para verificar se os objetivos foram alcançados, melhorá-los ou, se for necessário, substituí-los por outros.

4. Um produto da observação: supervisão estratégica das indústrias culturais

O uso de uma informação produzida corretamente pela observação bem conduzida e a produção de indicadores pertinentes são forças importantes a serviço de uma boa apreciação do setor cultural, como setor econômico específico. São também ferramentas muito eficazes para desenvolver disciplinas associadas à reflexão econômica e à decisão. Entre essas disciplinas encontra-se, naturalmente, **a avaliação e a prospectiva** que são procedimentos essenciais de apoio à decisão e à pilotagem de trajetórias estratégicas. Mas há ainda outra disciplina, **a supervisão estratégica**, em pleno desenvolvimento e da qual trataremos brevemente. Essa disciplina é importante, sobretudo, para a reflexão sobre o setor das indústrias culturais.

Para definir melhor a enorme utilidade da supervisão estratégica na governança das políticas públicas e das estratégias do Estado em matéria de indústrias culturais, é necessário chamar a atenção para alguns aspectos.

Em primeiro lugar, as indústrias culturais representam setores estratégicos para a economia nacional, por sua taxa de crescimento e de criação de riquezas, ou mesmo de empregos.

Em segundo lugar, fazem parte do jogo de relações de força, e mesmo de confrontos, no âmbito das relações econômicas internacionais.

Mas, nossa análise ficaria incompleta sem a referência, em terceiro lugar, às estratégias de influência que hoje desempenham um papel central nos embates econômicos.

A influência como meio de dominar um mercado é exercida **pela promoção e exportação de modelos culturais nacionais através da**

formação, da educação, mas também das normas do direito e dos modos de gestão.

As indústrias culturais e os diferentes setores que as compõem tornaram-se vetores essenciais dessas estratégias de influência.

É preciso introduzir uma nova noção, a do risco de "dependência cultural estratégica" imposta pela economia e pela indústria mais concorrente, mais competitiva, mais agressiva.

De fato, a potência não se mede unicamente pela força de projeção de um exército ou de produtos ou serviços, mas também pela força das idéias e da cultura.

Os Estados Unidos entendem bem isso, como se vê, em matéria de cinema, em uma leitura inteiramente cultural das relações de força e das estratégias de conquista. Em 1946, quando a França a os Estados Unidos assinaram o acordo Blum-Byrnes, que já estabelecia cotas e auxílios à indústria do cinema francês, o diretor da Paramount declarou: "Nós, a indústria, temos consciência da necessidade de informar aos povos dos países estrangeiros sobre o que faz da América um grande país e acho que sabemos como passar a mensagem de nossa democracia. Queremos fazer isso sobre bases comerciais, e estamos prontos a enfrentar, se necessário, uma queda dos lucros."

Essas conclusões impelem os governos a construírem políticas públicas estruturadas e a se dotarem dos meios para pilotar suas estratégias de desenvolvimento e, portanto, de negociação. Como se deduz da leitura das conclusões anteriores, essa pilotagem implica uma organização interministerial, uma rede de competências ministeriais, cujas ações podem ser exercidas apenas com "conhecimento de causa", isto é, inervadas por um sistema de informação. Sem dominar a informação e o conhecimento, o piloto não pode ver longe e antecipar.

Essa exigência é tanto mais pertinente na medida em que as indústrias culturais são um conjunto instável e complexo, cuja originalidade se deve em parte à riqueza cultural das nações e, ao mesmo tempo, à sua enorme capacidade de inovação. A rápida evolução das tecnologias, sua convergência, a revolução que se opera nas cadeias de criação, produção e comercialização da edição escrita, musical ou audiovisual requer a mobilização coletiva de competências de análise pluridisciplinar.

Mais do que nunca, a supervisão estratégica (a inteligência estratégica) mostra-se indispensável para a gestão das estratégias e das políticas, através do conhecimento meticuloso das indústrias culturais e dos setores de atividade que a compõem, da informação sobre os atores privado e público, sobre suas intenções e suas capacidades (financeiras, tecnológicas, comerciais, de influência...), sobre as estratégias de promoção e de defesa dessas indústrias pelos outros Estados, pelos parceiros, e pelos concorrentes.

Os Estados e suas administrações dotam-se progressivamente de "capacidades de inteligência" de organização em rede para coletar a informação, para interpretá-la, para entender e decifrar os desafios e as realidades dos mercados e de seu contexto e decidir melhor o desenvolvimento de suas políticas públicas. Nesse aspecto, a coleta e o tratamento de análises estatísticas são uma base e um investimento indispensáveis. O trabalho de "geômetras", que coletam a informação cifrada setor por setor, testam e validam os indicadores mais confiáveis, comparam fatos e números nacionais e de outros países, é essencial ao tomador político de decisões. É o primeiro nível de conhecimento das indústrias culturais e de seu "valor".

E, sobretudo, os homens e as mulheres da observação estatística remetem à supervisão estratégica a complexidade metodológica da validação de fontes, da análise, das culturas de informação e dos resultados nacionais não comparáveis que levam à leitura errada, e pior ainda, a uma decisão equivocada.

A supervisão estratégica como política e como instrumento

É preciso distinguir as políticas públicas de supervisão estratégica implementadas pelos Estados e o próprio procedimento da vigilância, instrumento que põe em operação ferramentas, métodos e organizações.

Quanto ao primeiro ponto, a França, mas igualmente os Estados Unidos e, em menor escala, Quebec, adotaram verdadeiras políticas públicas de supervisão estratégica.

Os dispositivos ou sistema de vigilância e de inteligência estratégica que estruturam essas políticas consistem em uma combinação das práticas e habilidades de coleta, de interpretação e de proteção da informação, desenvolvida em escala do país, entre as diferentes instituições que a compõem: empresas, Estado, coletividade territorial, câmaras de comércio e indústria, sindicatos profissionais, universidades, laboratórios, etc.

Três finalidades os caracterizam:
- desenvolver capacidades de inteligência do ambiente e de seus campos de força
- produzir os conhecimentos necessários às estratégias individuais (empresas, poder público) ou coletivas (público/privado, rede de empresas, organizações e associações profissionais, etc.)

- definir e conduzir as estratégias de influência e de poder fundadas, em particular, na divulgação do modelo econômico, político e cultural nacional.

Assim, a supervisão estratégica pode ser definida como um "conjunto coordenado de ações de pesquisa, tratamento, difusão e proteção de informações úteis para a tomada de decisão ou para a pilotagem de estratégias". O papel do Estado ou de atores públicos (na França), como a Câmara do Comércio e da Indústria, será organizar redes de vigilância mundiais sobre as inovações nas tecnologias multimídia, por exemplo, sobre as tendências de consumo de produtos culturais, sobre políticas públicas relativas à cultura, sobre as normas, mobilizando os funcionários especializados de suas embaixadas.

A operação da supervisão estratégica comporta, portanto, a definição de eixos de supervisão dessas vigilâncias, a coleta coordenada de informações que elas produzem e sua difusão. Uma das formas essenciais da supervisão estratégica consiste na **coordenação das estruturas de vigilância existentes**.

A supervisão estratégica: um estado de espírito

Para compreender melhor a supervisão estratégica, é preciso vê-la como um estado de espírito e como um modo de ação.

Trata-se assim de um procedimento de detecção e de interpretação dos sinais do ambiente econômico, cultural, social e político que permite produzir decisão e estratégia "com conhecimento de causa", isto é, a partir de boas informações ou de boas indicações. Reencontramos aqui toda a problemática sobre a observação de indicadores, evocada acima.

Quer se trate de antecipar as evoluções da nova cadeia de valor da edição impressa ou multimídia, de identificar o sinal anunciador de uma ruptura tecnológica ou da emergência de uma estratégia normativa, jurídica ou técnica, de recompor as políticas públicas de seus parceiros ou de seus concorrentes, a questão reside sempre em interagir com o ambiente econômico, social e técnico, com atores públicos e privados, sinais, "fatos promissores", comportamentos concorrentes, etc. É preciso dotar-se resolutamente de um modo de interpretação e dar um sentido a esse ambiente e às suas transformações. É preciso tentar incansavelmente dominar a dinâmica do conhecimento para compreender antes, garantir sua predominância, escapar do pior, isto é, do erro estratégico causado pela rotina intelectual.

É por isso também que a organização da supervisão estratégica das indústrias culturais, em um país como o México, deveria ser objeto de uma instância interministerial que poderia reunir a Conaculta, o Ministério das

Relações Exteriores, o das Finanças, além dos representantes do setor privado interessados. Os sistemas de observação e de informação de todos os parceiros encontrariam aqui um local de investimento natural e fecundo.

• **Para concluir provisoriamente: ainda a observação...**

Vemos claramente, seja qual for o âmbito que se aborde em economia da cultura, que a pedra angular de todo avanço possível continua sendo a organização, digna desse nome, que permita confrontar as hipóteses com as pesquisas empíricas, construir indicadores, produzir alternativas para a ação pública, validar e avaliar as decisões tomadas, as orientações, e produzir em torno do setor cultural um debate equilibrado e embasado em resultados fiáveis. Como fazer essa observação?

Uma primeira idéia consiste em criar observatórios nacionais para os Estados. Visto que o dinheiro público é massivo nesse setor, essa é uma idéia bastante natural. Certos Estados escolheram essa via (França, Finlândia, Rússia, Vietnã, Polônia, etc.), ao implantar estruturas centrais de observação encarregadas de realizar (ou terceirizar) as pesquisas e de difundir a cultura da observação (metodologias, procedimentos estatísticos, etc.).

Outros (Canadá, Reino Unido, Espanha, etc.) preferiram, por razões históricas, políticas ou simplesmente por conformismo, relegar essa questão aos procedimentos regionais ou à lógica das redes.

Existem vários observatórios culturais em torno do mundo, na América Latina e em outras partes. Podemos até dizer que a noção de observatório foi tão utilizada a propósito de qualquer coisa que acabou se desgastando e se desvalorizando.

Neste livro, esperamos, modestamente, ter mostrado que, diante dos desafios do setor cultural e de sua economia, o importante não é a forma estrutural que observa, mas a forma e os objetivos da própria observação. Seja qual for a organização escolhida por este ou aquele país para produzir sua informação cultural econômica, o essencial é a conscientização geral de que o estudo econômico do setor cultural é um fator de progresso e um dos meios de ação eficaz a favor do desenvolvimento cultural.

Essa última análise, quer se trate de um observatório central, de uma rede de observações descentralizada ou uma parceria público-privada, isso não tem muita importância. O verdadeiro problema é superar a ignorância de que padece o setor cultural e a falta de ferramentas informacionais que em geral caracterizam seus atores e os que trabalham nele. Aliás, como saber se estamos avançando, se não sabemos onde nos encontramos, e como saber qual é a nossa força se não temos nenhum meio de medi-la ou compará-la?

Inúmeras reflexões já estão em curso sobre o tema da observação e dos observatórios na América Latina. Ninguém pode prever as soluções práticas que elas trarão. Muitas vezes, as idéias caminham lentamente, bem mais do que gostariam aqueles que têm consciência das urgências. Mas, na realidade, é preferível que as decisões sejam tomadas no seu ritmo, pois elas serão mais firmes e mais duradouras. O assunto é importante demais para ser tratado com precipitação ou amadorismo. Além disso, nesse âmbito, não é inviável considerar várias soluções antes de privilegiar uma delas. É para isso que serve o diálogo nacional e internacional.

Mas quais são as pistas indispensáveis hoje em economia cultural?

Em qualquer situação, julgamos essencial que todo Estado, sejam quais forem suas formas de organização, disponha dos grandes estudos de enquadramento que expusemos acima. **Eles constituem a própria base de referência de qualquer pesquisa posterior e inclusive de qualquer pretensão de "pilotagem" geral das políticas públicas.**

O conhecimento profundo dos desafios da **economia dos direitos autorais** é outra exigência fundamental, a nosso ver. Na sua ausência, todo o setor cultural poderá ser conturbado sem que as políticas e os atores do setor consigam agir e reagir. Aliás, essa questão deveria ser objeto de explorações econômicas e ser tratada com "supervisão estratégica".

Evidentemente, essa questão depende do estudo estruturado **do setor das indústrias culturais e das lógicas econômicas** que se desenvolvem ali, em particular os modelos que emergem sob o impulso das **novas tecnologias**. Nesse aspecto, com certeza, a antecipação das ações a serem implementadas exercerá um papel importante no desenvolvimento futuro desse setor e em seu impacto global nos fenômenos culturais.

A **"medida econômica"** do setor cultural também merece a maior atenção. Seja em termos de impacto ou em termos de **eficácia da despesa pública**, ela não pode ser desprezada.

Enfim, acreditamos que a integração da economia cultural em uma reflexão geral sobre o **crescimento endógeno** e seu valor para o advento de **economias do conhecimento** devem ser levados em conta de modo mais amplo e ativo, favorecendo os estudos nesse campo através de programas de pesquisa públicos.

O setor cultural não deve temer os enfoques econômicos sérios. Ao contrário, todo o interesse reside em fazer a demonstração de forças sem temer que suas fraquezas apareçam. Seu maior inimigo não é o "tomador de decisões hostil" a que nos referimos acima com um objetivo pedagógico. Esse tipo de adversário não existe. Em compensação, existe um que é terrível: a indiferença, a negligência, o esquecimento. São exatamente as palavras usadas por V.-H. Rascon Banda, ao evocar o esquecimento dos direitos autorais em várias legislações nacionais ou ainda o Tratado de Livre Comércio da América do Norte (NAFTA, em inglês).

Dissemos que o âmbito cultural é apaixonante e apaixonado. Paixão, amor, indiferença... Nos assuntos do coração, não se pode obrigar ninguém a amar uma pessoa e ser atencioso com ela. A situação é bem diferente na vida pública, onde a visibilidade e a firmeza são argumentos primordiais: se reforçarmos as pesquisas econômicas sobre a cultura, ampliarmos os campos de estudo, dotarmos a pilotagem política e o debate público com indicadores convincentes, veremos, ao longo do tempo, diminuir inexoravelmente o número de tomadores de decisões indiferentes.

BIBLIOGRAFIA

AMABLE B. e GUELLEC, D. "Les théories de la croissance endogène", *Revue d'Économie Politique*, Paris, 102(3), 1992, pp. 313-377.
ARROW, K. *Social choice and individual values*. 2. ed. Massachusetts, Yale University Press, 1970.
ARTHUS, P. "Croissance endogène: modèles et synthèse", *Revue Économique*, Paris, 44(2), mar. 1993, pp. 189-227.
BACHELARD, G. *La formation de l'esprit scientifique*. Paris, Vrin, 1938.
BAUMOL, W.J. *Performing arts. The economic dilemma*. Massachusetts, MIT Press, 1968.
BECKER, G.S. *The economic approach to human behavior*. Chicago, University of Chicago Press, 1978.
BOURDIEU, P. *L'amour de l'art*. Paris, Minuit, 1969.
_____. *La distinction*. Paris, Minuit, 1979.
BRAUDEL, F. *La dynamique du capitalisme*. Paris, Flammarion, 1988.
COHEN, D. *La mondialisation et ses ennemis*. Paris, Grasset, 2004.
DEBREU, G. *Théorie de la valeur*. 2. ed. Paris, Dunod, 2001.
ETHIS, E. *Sociologie du cinéma et de ses publics*. Paris, Armand Colin, 2005.
_____. *Avignon, le public réinventé; le festival sous le regard des sciences sociales;* questions de culture. Paris, Documentation Française, 2002.
ELIAS, N. *Mozart, sociologie d'un génie*. Paris, Seuil, 1991.
_____. *La dynamique de l'Occident*. Paris, Agora, 2003.
FARCHY, J. *La fin de l'exception culturelle*. Paris, CNRS, 1999.
_____. *Internet et le droit d'auteur*. Paris, CNRS, 2003.
FLICHY, P. *L'innovation technique*. Paris, La Découverte, 2003.
GREFFE, X. *Economie de la propriété artistique*. Paris, Economica, 2005.
GAUDRAT, P. "Intérêts de l'investisseur contre droit d'auteur", Paris, *Libération*, 4 mai 2006.
KEYNES, J.M. *La pauvreté dans l'abondance*. Paris, Gallimard, 2002.
KRUGMAN, P. *La mondialisation n'est pas coupable*. Paris, La Découverte, 2000.
LANCASTER, K.J. *Modern consumer theory*. Brookfield (Vermont), E.E. Publishing Company, 1991.
COUTINET, Nathalie; MOREAU, François e PELTIER, Stéphanie. *Les grands groupes des industries culturelles*, Paris, DEPS/MCC, 2002.
MCCAIN, R.A. "Artist's resale dividends: some economic theoretic considerations", *Journal of Cultural Economics*, 13(1), jun. 1989, pp. 35-51.

Menger, P.-M. "La profession de comédien", Paris, *Développement culturel*, n. 119, jun. 1997.
_____. *Portrait de l'artiste en travailleur*. Paris, Seuil.
Pareto, V. *Manuel d'économie politique*. Paris, Giard, 2001.
Piedras, E. *Cuanto vale la cultura. Contribución económica de las industrias protegidas por el derecho de autor en México*. Mexico, Canien/Sogem/Sacm, 2004.
Polanyi, K, *La grande transformation*. Paris, Gallimard, 1983.
Rascon Banda, V.-H. "Legislacion y politicas en las industrias culturales de Latinoamerica", *Industrias culturales y desarollo sustentable*. Mexico, Secretaria de Relaciones Exteriores, 2004.
Rifkin, J. *L'age de l'accès*. Paris, La Découverte, 2005.
Sapir, J. *Quelle économie pour le XXIeme siècle?*. Paris, Odile Jacob, 2005.
_____. *Les trous noirs de la science économique*. Paris, Albin Michel, 2000.
_____. *La fin de l'eurolibéralisme*. Paris, Seuil, 2006.
Shackle, G.L.S. "Decision, order and time in human affairs", *The Economic Journal*, 73(292), dez. 1963, pp. 723-725.
Stengers, I. *Sciences et pouvoir*. Paris, La Découverte, 2002.
Stigler, G.J. "The economics of information", *Journal of Political Economy*, v. 69, p. 213, s.d.
Stiglitz, J.E. "Information and the change in the paradigm in economics", *American Economic Review*, v. 92(3).
_____. "Information and economic analysis: a perspective", *Economic Journal*, v. 95.
_____. *On the economic role of the state*, A. Heerje (ed.). Oxford, Blackwell, s.d.
Wallerstein, I. *L'économie-monde*. Paris, Flammarion, 1980.

SOBRE O AUTOR

Paul Tolila foi aluno da École Normale Supérieure, com licenciatura em História e Ciências Econômicas. *Agrégé* de Literatura e Filosofia. Professor adjunto na Université d'Avignon et des Pays de Vaucluse; *Maître de Conférence* no Institut des Sciences Politiques de Paris. Dirigiu durante muitos anos o Departamento de Estudos Socioeconômicos do Ministério da Cultura da França. Atualmente é membro da Inspection Générale de l'Administration et des Affaires Culturelles.

Este livro foi composto em Myriad pela *Iluminuras*, com filmes de capa produzidos pela *Forma Certa* e terminou de ser impresso no dia 22 de junho de 2007 na *Associação Palas Athena do Brasil*, em São Paulo, SP.